● 중한대역 시리즈 4 ●

삼국연의

·三国演义·

삼국연의

·三国演义·

김혜경 편저

머리말

　중국어에 관심이 있는 사람이라면 더 나아가 큰 국토와 풍부한 물적 자원, 12억이나 되는 인구와 무엇보다도 오랜 역사를 가진 중국을 이해하고자 할 것입니다. 그 나라를 알려고 한다면 직접적으로 그곳을 방문하여 현지 사람들과 교류하며 살면서 체험할 수도 있고 간접적으론 각종 서적을 통하여 그 나라의 정치·경제·사회·문화·역사 등을 접할 수 있습니다. 역자는 이 책을 통하여 작게나마 중국인의 정서와 생활모습을 엿볼 수 있고 아울러 중국어 학습도 겸하길 바라며 편역 하였습니다.

　이 책은 우리에게 잘 알려진 소설이나 사람들의 입과 입을 통해 전해진 구전들을 쉽게 접할 수 있도록 내용과 문장의 구성이 쉽고 간단하게 이루어져 있으며 중국인들의 생활 습관과 생각 등도 재미있게 엮어져 있어 중국어 공부에 더욱 흥미를 줄 수 있을 것입니다. 또한 고문에 사용되는 어구(語句)들도 사용되어 중국어를 보다 폭넓게 배울 수 있습니다.

　이 책을 더욱 흥미 있게 읽으려면 역자의 해석에 의존하지 않고 독자 스스로 한 문장, 한 문장 읽어나가면서 전체의 의미를 파악하고 흐름을 이해하는 것이 좋습니다.

　어느 정도 중국어의 기본 단어와 문장, 문법을 익힌 사람이라면 고대 중국인에 대한 이야기를 재미있게 읽으면서 단어와 문법도 익히고 번역 공부도 할 수 있을 것입니다. 또한 중국 문학을 공부한 사람이라면 고문에서 많이 사용되는 4자 성어의 필요성을 간절히 느끼는데 그 4자 성어도 풍부하게 실려있어 중급 이상의 학습자들에게 많은 도움이 될 것입니다. 끝으로, 중국어를 공부하는 독자들이 소기의 성과를 얻을 때까지 정진하기를 바라며, 이 책이 조금의 도움이 되었으면 합니다.

김혜경 씀

삼국연의 차례

■ 머리말　5

桃园结义
• 도원결의 7

三顾茅庐
• 삼고초려 59

草船借箭
• 초선차전 105

■ 关于「三国演义」 「삼국연의」에 관하여　139

도원결의

中国的汉朝，本是个十分强盛的朝代。可是，后来的几位皇帝宠信太监，听信小人的话，杀害了很多忠臣和百姓。于是，天下大乱。

当时，有个名叫张角的人，几次参加考试都名落孙山。有一天，他到深山采药。却见一位老公公远远地走来。张角觉得很奇怪："这么年纪大的人，怎么会独自在深山里呢？"心中正想着，老公公已来到面前。

"啊？"张角一看，不禁吃惊吃惊得瞪大了双眼。

生词

- **汉朝** 　專名 Háncháo 漢朝
- **强盛** 　形 qiángshèng 강대하고 번성한
- **宠信** 　動 chǒngxìn 총애하여 신임하다
- **太监** 　名 tàijiàn 환관, 환관의 우두머리
- **于是** 　yúshì 이리하여, 그러므로
  ☞ 두 가지 일이 시간적으로 잇따르는 것을 나타낸다.
- **张角** 　專名 Zhāng Jiǎo 張角 ☞ 人名
- **名落孙山** 　míng luò Sūn Shān 낙선하다, 낙방하다
- **奇怪** 　形,動 qíguài 이상한, 이상히 여기다
- **面前** 　名 miànqián 앞, 면전
- **不禁** 　bùjīn 금치 못하다, 자기도 모르게
- **吃惊** 　chī jīng 놀라다
- **瞪眼** 　dèng yǎn 눈을 크게(휘둥그렇게) 뜨다

　　중국의 한나라(漢朝)는 본래 강대하고 번성한 왕조였다. 그러나 후대 몇 명의 황제들이 환관들을 총애하여 소인들의 말만 듣고 많은 충신들과 백성들을 살해하였다. 이리하여 온 세상이 크게 혼란스러웠다.

　　당시에, 장각(張角)이라는 사람이 있었는데, 그는 여러 번 과거시험에 응했으나 모두 낙방하였다. 하루는 그가 깊은 산에서 약을 캐다가 바로 노인 한 분이 멀리서 걸어오는 것을 보았다. 장각은 이상하게 느껴졌다. "저렇게 연로하신 노인이 어떻게 혼자 깊은 산 속에 계실까?" 속으로 생각하고 있을 때, 노인은 이미 눈앞에 와 있었다. "아?" 장각은 보고 자기도 모르게 놀라서 두 눈이 휘둥그레졌다.

原来老公公虽然满头白发，却生得一张娃娃脸，皮肤像小孩一样红润，还有一双可爱的蓝眼睛呢！张角惊异地问"你是谁呀？"老公公呵呵地笑着说"我是南华老仙，我想送你一个礼物，跟我来吧！"张角半信半疑，心中有点儿害怕，但为了一探究竟，还是跟着走了。老仙翁带着张角进入一个个山洞。然后，从石壁中拿出一本书。老仙翁告诉张角："这是天书，你研究研究吧！"一说完就变成一道轻烟，飘走了。

生词

- **虽然…却**   suīrán…què 비록 … 일지라도
- **娃娃**   名 wáwa 아기, 어린애
- **红润**   形 hóngrùn 볼그레한, 볼그스름한
- **可爱**   形 kě'ài 귀여운, 사랑스러운
- **惊异**   动 jīngyì 놀라며 이상히 여기다
- **半信半疑**   bàn xìn bàn yí 반신반의
- **害怕**   动 hàipà 두려워하다, 무서워하다
- **探**   动 tàn 찾다, 알아보다
- **究竟**   名 jiūjìng 결말, 일의 귀착
- **山洞**   名 shāndòng 산굴
- **石壁**   名 shíbì 석벽
- **天书**   名 tiānshū 하늘의 신선이 쓴 책이나 편지
- **道**   量 dào 강, 하천같이 긴 것을 세는 데 쓰는 단위
- **飘**   动 piāo 흩날리다, 날아 흩어지다

원래 노인은 비록 백발이 성성했지만 생김이 아기의 얼굴 같고 피부는 어린애처럼 볼그스름하며 더욱이 귀엽고 파란 두 눈을 가지고 있었다. 장각은 놀라면서 "당신은 누구십니까?" 하고 묻자 노인은 하하 하고 웃으면서 "나는 남화(南華)의 신선으로 너에게 선물을 하나 주고자 하니 나를 따라 오너라!" 장각은 반신반의하며 속으로는 조금 두려움도 있었으나 어떤 일이 있을지 알아보기 위해서 따라 갔다. 늙은 신선은 장각을 데리고 동굴로 들어갔고 후에, 석벽에서 한 권의 책을 꺼냈다. 신선이 장각에게 말하길 "이 책은 천서(天書)이니 잘 연구해 봐라!" 말을 끝내자마자 한줄기 연기로 변하더니 흩어져 버렸다.

张角看得傻了眼，以为自己在做梦呢！摸摸手上的书，才相信是真的。于是，高高兴兴地捧着书回家。经过一番研究，就能呼风唤雨，画符念咒啦！有天，张角躺在床上休息。突然，一个念头闪过脑际："我有这么大的本事，何不自己当皇帝呢？"说做就做！张角马上跳下床来，开始计划着。

生词

- **傻眼**　　　shǎ yǎn　(당혹하여) 표정이 멍해지다
- **摸**　　　（動）mō　손으로 짚어보다, 어루만지다
- **捧**　　　（動）pěng　두 손으로 받쳐들다, 받들다
- **经过**　　　（動）jīngguò　경험하다
- **呼风唤雨**　hū fēng huàn yǔ　비바람을 부르다, 자연을 지배하다
- **画符念咒**　huà fú niàn zhòu　부적을 쓰고 주문을 외다
- **突然**　　　（副）tūrán　갑자기, 별안간
- **念头**　　　（名）niàntou　생각, 마음
- **闪**　　　（動）shǎn　갑자기 떠오르다, 번뜩이다
- **脑际**　　　（名）nǎojì　머리, 뇌리
- **本事**　　　（名）běnshi　능력, 재능
- **跳**　　　（動）tiào　뛰다

　　　장각은 멍한 표정으로 바라보며 자신이 꿈을 꾸고 있다고 여겼고, 손에 있는 책을 어루만진 후에야 비로소 현실임을 깨달았다. 이리하여 기쁘게 두 손으로 책을 들고는 집으로 돌아왔다. 한차례 연구 후에 바로 능히 비바람을 부르며 부적을 쓰고 주문을 욀 수 있었다. 어느날 장각은 침대 위에 누워서 쉬고 있었는데 갑자기 한가지 생각이 그의 뇌리를 스치고 지나갔다. "나에게 이렇게 크나 큰 능력이 있는데 어찌 스스로 황제가 되지 못하겠는가?" 말한 것을 해보자! 장각은 곧장 침대에서 뛰어내려와 계획을 세우기 시작했다.

于是，他自称"天公将军"，四处散布谣言："汉朝快灭亡了，大圣人要来拯救大家啦！快跟随圣人打倒昏君吧！"好多人见他能呼风唤雨，都相信张角就是上天派来的圣人。所以，纷纷跟随他起兵造反，开始攻打官兵了。唉！可怜的官兵，因为人数太少，寡不敌众，被张角的军队打得落荒而逃。张角的军队打到幽州来啦！

幽州太守觉得自己兵少赶忙召开紧急会议，商讨对策。最后，决定招兵买

马，扩充实力。招兵的告示贴满了城
mǎ　　kuò chōng shí lì　　zhāo bīng de gào shì tiē mǎn le chéng

里大街小巷，很多人都围着看。
lǐ　dà　jiē　xiǎo xiàng　　hěn duō rén dōu wéi zhe kān

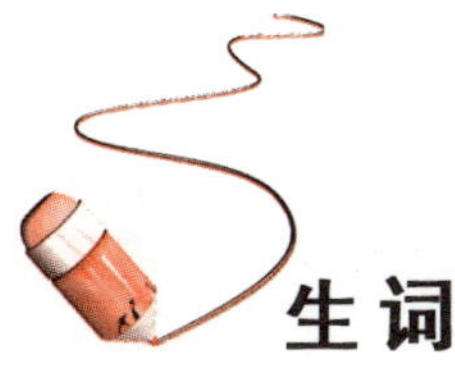

生词

- **天公**　名　tiāngōng　우주 만물의 주재자, 하느님
- **散布**　动　sànbù　뿌리다, 흩어지다
- **谣言**　名　yáoyán　근거 없는 소문, 헛소문
- **快…了**　kuài …le　곧 …할 것이다
- **拯救**　动　zhěngjiù　구하다, 구원하다
- **打倒**　dǎ dǎo　타도하다
- **昏君**　名　hūnjūn　어리석은 군주
- **纷纷**　副　fēnfēn　잇달아, 계속해서
- **起兵造反**　qǐ bīng zào fǎn　군사를 모아서 반란을 일으키다
- **攻打**　动　gōngdǎ　공격하다
- **寡不敌众**　guǎ bù dí zhòng　적은 것이 많은 것을 대적할 수 없다
  ☞ 중과부적(众寡不敌)
- **落荒而逃**　luò huāng ér táo　길을 버리고 황야로 달아나다
- **幽州**　传名　Yōu Zhōu　幽州 ☞ 地名
- **赶忙**　副　gǎnmáng　서둘러, 급히
- **召开**　动　zhàokāi　열다, 소집하다
- **商讨**　动　shāngtǎo　토의하다, 논의하다

- **招兵买马**   zhāo bīng mǎi mǎ   군사력을 증강시키다, 전쟁준비를 하다
- **扩充实力**   kuò chōng shí lì   실력을 늘리다
- **告示**   (名) gàoshì   게시, 포고
- **大街小巷**   dà jiē xiǎo xiàng   큰길과 작은 골목, 온 거리
- **围**   (动) wéi   둘러싸다, 에워싸다

    이리하여 그는 스스로 "천공장군(天公將軍)"이라 칭하고 사방에 근거 없는 소문을 퍼뜨렸다 "한나라는 곧 멸망하고 대성인이 모두를 구하러 올 것이다. 서둘러 성인을 따라 어리석은 임금을 몰아내자!" 많은 사람들은 그가 능히 비바람을 일으키는 것을 보고 모두 장각을 바로 하늘에서 보낸 성인이라고 믿었다. 그래서 계속해서 그를 따라 군사를 모아 반란을 일으켰고 관병을 공격하기 시작했다. 아! 불쌍한 관병들, 수가 매우 적으니 중과부적이라, 장각의 군대에게 폐하고 모두 달아나 버렸다. 장각의 군대는 유주(幽州)도 공격하러 왔다. 유주(幽州)의 태수는 자신의 병사가 적음을 느끼고 서둘러 긴급회의를 열어 대책을 논의하였으며 결국에는 군사력을 증강시켜 실력을 키우기로 결정했다. 병사를 모집한다는 게시문이 성 안에 큰길이나 작은 골목까지 가득 붙어 있어 많은 사람들이 모두 둘러서서 보았다.

其中，有个人
长得好奇怪呀！
他的耳朵大得垂
到肩膀。哇！两
只手也长得超过
膝盖。再看他的
脸，眉清目秀，

嘴唇红红的，倒像女孩涂了胭脂哩！

他是谁呀？他就是刘备。他从小
死了父亲家里
里很穷平常在
市场卖麻绳，
草鞋勉强过日
子。这天，刘备
好不容易把一

担麻绳和草鞋卖完了，正准备回家。
dàn má shéng hé cǎo xié mài wán le zhèng zhǔn bèi huí jiā
见一大堆人挤在这里，也好奇地过
jiàn yí dà duī rén jǐ zài zhè li yě hào qí de guò
来看看。
lai kàn kan

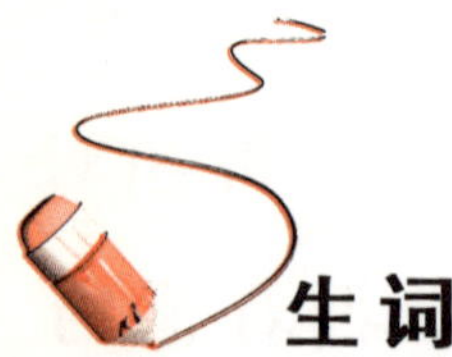

生词

- 耳朵　　　　名 ěrduo 귀
- 垂　　　　　动 chuí 늘어뜨리다
- 肩膀　　　　名 jiānbǎng 어깨
- 只　　　　　量 zhī 쌍을 이루는 물건의 하나를 세는 단위
- 超过　　　　动 chāoguò 초과하다, 추월하다
- 膝盖　　　　名 xīgài 무릎
- 眉清目秀　　méi qīng mù xiù (남자의) 미목이 수려하다
- 嘴唇　　　　名 zuǐchún 입술
- 涂　　　　　动 tú 바르다
- 胭脂　　　　名 yānzhi 연지
- 刘备　　　　专名 Liú Bèi 劉備 ☎ 人名
- 麻绳　　　　名 máshéng 삼밧줄, 삼노끈
- 草鞋　　　　名 cǎoxié 짚신
- 勉强　　　　形 miǎnqiǎng 간신히, 가까스로
  ☞ 주로 동사 앞에서 부사어적으로 쓰인다.

- **过日子**　　　　*guò rìzi* 살아가다
- **好不容易**　　*副* *hǎoburóngyi* 겨우, 간신히, 가까스로
- **担**　　　　　*量* *dàn* 짐 ☞ (멜대로 메는) 짐을 세는 단위
- **堆**　　　　　*量* *duī* 무리, 떼
- **挤**　　　　　*動* *jǐ* 붐비다, 꽉 차다
- **好奇**　　　　*形* *hàoqí* 호기심이 많은

　　그 중에 기이하게 생긴 사람이 있었다. 그의 귀는 커서 어깨까지 늘어뜨려져 있고, 와! 양손도 어찌나 긴지 무릎 밑으로 내려갈 정도였다. 또 그의 얼굴을 보면 눈썹과 눈매가 수려하고 입술 또한 불그스레해서 오히려 여자아이가 연지를 바른 것 같았다.

　　그는 누구인가? 그가 바로 유비(劉備)였다. 그는 어릴 때 아버지가 돌아가셔서 집이 몹시 가난했다. 평소에는 시장에서 삼밧줄과 짚신을 팔아 간신히 살아가고 있었다. 이날, 유비는 삼밧줄과 짚신 한 짐을 가까스로 다 팔고 집에 돌아가려고 하던 중, 한 큰 무리의 사람들이 이곳에 붐벼있는 것을 보고 호기심이 나서 지나가다 보러온 것이다.

当时，刘备
dāng shí liú bèi
看了告示之后，
kàn le gào shì zhī hòu
不知为什么叹了
bù zhī wéi shén me tàn le
一口气。忽然，
yì kǒu qì hū rán
有个凶巴巴的声
yǒu ge xiōng bā ba de shēng
音骂道："男子汉大丈夫，不为国家
yīn mà dào nán zǐ hàn dà zhàng fu bú wèi guó jiā
出力，叹什么气呀，真是不中用！"刘
chū lì tàn shén me qì ya zhēn shì bù zhōng yòng liú
备回头一看，大高个儿，黑脸膛的！
bèi huí tóu yí kàn dà gāo gè er hēi liǎn táng de
一个大汉站在后面。两眼炯炯有神，
yí ge dà hàn zhàn zài hòu mian liǎng yǎn jiǒng jiǒng yǒu shén
气势不凡！刘备看了一眼，心想：
qì shì bù fán liú bèi kàn le yì yǎn xīn xiǎng
"他像是个胸有大志的人哩！"于是，
tā xiàng shì ge xiōng yǒu dà zhì de rén li yú shì
告诉他："张
gào sù tā zhāng
角率领的黄
jiǎo shuài lǐng de huáng
巾贼到处作
jīn zéi dào chù zuò
乱，我想讨
luàn wǒ xiǎng tǎo

伐他，可是我一个人怎么行啊！”那
fá tā　kě shì wǒ yí ge rén zěn me xíng a　nà

人听了，拍拍刘备的肩膀说：“哈！
rén tīng le　pāi pai liú bèi de jiān bǎng shuō　hā

咱们是志同道合哩！”
zán men shì zhì tóng dào hé li

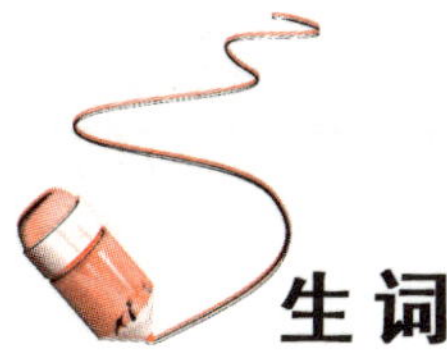

生词

- **叹气**　tàn qì 탄식하다, 한숨쉬다
- **凶**　形 xiōng 사나운, 흉악한
- **巴巴**　副 bāba 특별히, 대단히
- **男子汉大丈夫**　名 nánzǐhàn dàzhàngfu 사내 대장부
- **出力**　chū lì 힘을 다하다
- **中用**　形 zhōngyòng 쓸모 있는
- **个儿**　名 gèr 키
- **脸膛**　名 liǎntáng 얼굴, 용모
- **大汉**　名 dàhàn 체격이 큰 남자
- **炯炯**　形 jiǒngjiǒng 형형한
- **气势**　名 qìshì 기세, 기개
- **不凡**　形 bùfán 보통이 아닌, 비범한
- **眼**　量 yǎn 우물이나 쳐다보는 횟수 따위를 세는 양사
- **到处**　动 dàochù 도처, 곳곳
- **作乱**　zuò luàn 난을 일으키다

- **讨伐**　　　　　動 *tǎofá* 토벌하다
- **拍**　　　　　　動 *pāi* 손바닥으로 치다
- **志同道合**　　*zhì tóng dào hé* 뜻이 통하고 지향하는 바가 같다

그때에 유비는 게시문을 본 후, 웬지 모르게 한숨을 쉬고 있는데 갑자기 흉악한 소리로 나무라는 말이 들렸다. "사나이 대장부가 나라를 위해서 온 힘을 다하지는 않고 무슨 한숨인고, 정말 쓸모 없구먼!" 유비가 고개를 돌리니, 큰 키에 검은 얼굴을 한 체격이 큰 남자가 뒤에 서 있는데 두 눈이 빛이 나고 기가 있으며 기개가 범상치 않았다. 유비는 힐끗 한번 쳐다보고는 마음속으로 생각했다. "저 사람은 가슴에 큰 뜻을 품고 있는 것 같은데…." 그래서 그에게 말하길 "장각이 거느리는 황건적이 도처에서 난을 일으키니 그를 토벌하고 싶지만 나 혼자 어쩌겠소." 그 사람은 듣고 유비의 어깨를 치며 말했다. "자, 우리들은 뜻이 통하고 원하는 바가 같습니다."

他还接着说："咱们来组织乡勇，合力消灭贼兵吧！"刘备听了大喜，这一来，心愿就可实现喽！"我叫张飞。为祝贺咱们的相遇，走吧！我请你喝酒！"两人一起到一个小酒店，叫了许多酒菜，刘备却又露出苦恼的神色，说："组织乡勇需要很多钱，我们哪里来的钱呢？""唉呀！这个就不用担心啦！"张飞竟是胸有成竹的样子。

生词

- **组织**   動 zǔzhī 조직하다, 결성하다
- **乡勇**   名 xiāngyǒng 향용, 의용병
- **消灭**   動 xiāomiè 소멸하다, 없애다
- **贼兵**   名 zéibīng 적병
- **大喜**   形 dàxǐ 대단히 기쁜
- **张飞**   專名 Zhāng Fēi 張飛 ☞ 人名
- **相遇**   動 xiāngyù 만나다
- **酒菜**   名 jiǔcài 술과 안주
- **露出**   動 lòuchū 드러내다, 나타나다
- **苦恼**   形,動 kǔnǎo 고민하다, 괴롭다
- **神色**   名 shénsè 안색, 얼굴빛, 기색
- **担心**   動 dānxīn 걱정하다
- **胸有成竹**   xiōng yǒu chéng zhú 대나무를 그리기 전에 마음속에는 이미 대나무의 형상이 있다. ☞ 속에 이미 타산이 있다.

그는 계속 이어서 말했다. "우리들은 향용(의용병)을 조직하고 힘을 모아서 적군을 물리칩시다." 유비는 듣고서 대단히 기뻤고 이번에 마음속의 염원이 실현될 수 있을 거라 생각했다. "나는 장비(張飛)라고 합니다. 우리의 만남을 축하하러 갑시다! 내가 술을 대접하겠소!" 두 사람은 함께 술집으로 들어가서 많은 술과 안주를 시켰는데 오히려 유비가 고민하는 기색을 드러내며 말하길 "향용을 조직하려면 많은 돈이 필요한데 그 돈을 우리가 어디서 구합니까?" "아, 그건 걱정할 필요가 없습니다!" 장비는 속에 이미 무언가 생각해 둔바가 있는 것 같았다.

"我家有相当的财产，而且每天杀猪卖肉，也积存了一些钱，这所有费用，就包在我身上好啦！"刘备感动不已，端起一杯酒："敬这位侠义的朋友！"张飞哈哈地笑着说："来！干杯！"两人一面开怀畅饮，一面计划着讨灭张角的事。突然，有人喊着："快拿酒菜来，我急着要进城当兵去呢！"张飞听了，小声地对刘备说："咱们又多了个同伴啦！"

生词

- **相当** 　　　　形,副 xiāng dāng 상당한, 꽤, 상당히
- **而且** 　　　　连 érqiě 게다가, …뿐만 아니라
- **积存** 　　　　动 jīcún 저축하다
- **包** 　　　　动 bāo 일을 맡다, 전적으로 책임지다
- **不已** 　　　　bùyǐ …해 마지 않다
- **端** 　　　　动 duān 두 손으로 받쳐들다
- **敬** 　　　　动 jìng 올리다, 바치다, 공손히 드리다
- **侠义** 　　　　形 xiáyì 의협심이 강한
- **一面… 一面…** yímiàn… yímiàn… …하면서 …하다
- **开怀畅饮** kāi huái chàng yǐn 마음을 열고 실컷 술을 마시다
- **讨灭** 　　　　动 tǎomiè 토벌하다
- **同伴** 　　　　名 tóngbàn 동료, 동지

　　"내 집에 상당한 재산이 있습니다. 게다가 매일 돼지를 잡고 그 고기를 팔아 조금의 돈을 저축했으니 이 일체의 비용은 내게 맡기십쇼!" 유비는 감동해 마지않고 술 한 잔을 두 손으로 받쳐들며 "의리 있는 선생께 술 한 잔 올리겠습니다." 장비는 하하 웃으며 말했다. "자, 건배합시다." 두 사람은 마음을 열고 실컷 술을 마시면서 장각을 토벌할 계획을 세우고 있었는데 갑자기 어떤 사람이 크게 소리쳤다. "여기 술 좀 빨리 가져다주시오! 나는 서둘러 군에 지원하러 가야 한단 말이오." 장비는 듣고 작은 소리로 유비에게 말했다. "우리에겐 또 동지도 많습니다."

刘备转过头，望着这个说话的人。那个人张得粗眉大眼，膀阔腰圆，红红的脸，胡子二尺来长，真是气宇不凡啊！刘备走了过去，对他说："我们正计划着消灭张角的贼兵，你要加入吗？"那人高兴地说："那还用说！来！来！一起坐！"张飞忙把酒菜搬过来。张飞一边儿吃，一边儿问："你叫啥名字呀？家住在哪里呢？"

生词

- 转　　　　　　動 zhuǎn 돌리다, 바꾸다
- 粗眉大眼　cū méi dà yǎn 굵은 눈썹과 커다란 눈
- 膀阔腰圆　bǎng kuò dāo yuán 어깨가 벌어지고 허리가 굵다, 체격이 단단하다
- 胡子　　　　名 húzi 수염
- 气宇　　　　名 qìyǔ 기우, 기개와 도량
- 凡　　　　　形 fán 평범하다, 보통이다
- 要　　　　　動 yào 원하다, 바라다
- 搬　　　　　動 bān 운반하다, 옮기다
- 一边儿 … 一边儿 …
　　　　　yìbiānr… yìbiānr… …하면서 …하다
- 啥　　　　　代 shá 무엇, 무슨 ☞同 什么

　　유비가 머리를 돌려 방금 말한 사람을 바라보았다. 그 사람은 굵은 눈썹, 큰 눈에 체격이 건장하고 얼굴은 붉으며 수염도 2척이나 되는 것이 정말로 기개가 비범했다. 유비가 걸어가서 그에게 말하길 "우리는 장각의 병사를 멸할 계획을 세우고 있었소이다. 당신도 함께 하시겠습니까?" 그 사람은 기뻐하면서 말했다 "말할 필요 있겠습니까! 자! 자! 같이 앉지요!" 장비는 바삐 술과 안주를 옮겨 왔다. 장비는 먹으며 물었다. "형씨 이름은 무엇입니까? 어디에 살고 있어요?"

那人喝了
nà rén hē le

一口酒，说：
yì kǒu jiǔ shuō

"我叫关羽，家
wǒ jiào guān yǔ jiā

住在河东。"刘
zhù zài hé dōng liú

备奇怪地问：
bèi qí guài de wèn

"你怎么会从河东跑到这里来呢？"
nǐ zěn me huì cóng hé dōng pǎo dào zhè li lái ne

于是，关羽告诉他们："我家乡里有
yú shì guān yǔ gào su tā men wǒ jiā xiāng li yǒu

个大富翁，仗着钱多，常常欺侮穷苦
ge dà fù wēng zhàng zhe qián duō cháng cháng qī wǔ qióng kǔ

的乡民。有一天，他在街上故意踢翻
de xiāng mín yǒu yì tiān tā zài jiē shang gù yì tī fān

一位老人的水果摊子。我一看就忍
yí wèi lǎo rén de shuǐ guǒ tān zi wǒ yí kàn jiù rěn

不住让他赔
bu zhù ràng tā péi

偿老人，他
cháng lǎo rén tā

不但不肯，
bú dàn bù kěn

而且挥拳向
ér qiě huī quán xiàng

我打来。我
wǒ dǎ lai wǒ

心想：也好，就借这个机会，教训他
xīn xiǎng　　yě hǎo　　jiù jiè zhè ge jī huì　　jiào xun tā

一顿吧，却不小心，将他打死了。"
yí dùn ba　　què bù xiǎo xīn　　jiāng tā dǎ sǐ le

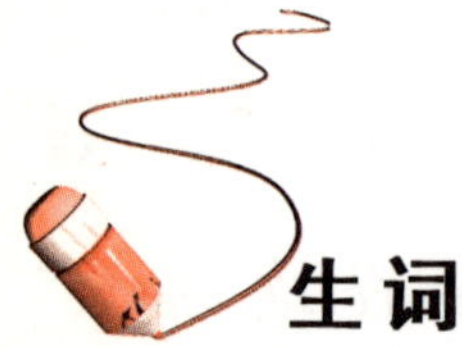

生词

一口	数量	yìkǒu	한입
关羽	专名	Guān Yǔ 關羽 ☞ 人名
跑	动	pǎo	달아나다, 도망하다
家乡	名	jiāxiāng	고향
富翁	名	fùwēng	부옹
仗	动	zhàng	믿다, 의지하다, 등에 업다
欺侮	动	qīwǔ	우롱하다
穷苦	形	qióngkǔ	가난하고 고생스러운, 빈곤한
故意	副	gùyì	고의로, 일부러
踢	动	tī	발로 차다
翻	动	fān	뒤집다, 뒤집히다
摊子	名	tānzi	노점
赔偿	动	péicháng	배상하다
不但…而且		búdàn　érqiě	…뿐만 아니라 …또한
挥拳		huī quán	주먹을 휘두르다
向	介	xiàng	…에게, …에

- **也好…**   yě hǎo 하는 편이 좋다, …해도 나쁘지 않다
- **教训**   (動) jiàoxun 가르치고 타이르다, 훈계하다
- **顿**   (量) dùn 번, 차례, 끼니
  ☞ 식사·질책·권고 따위의 횟수에 쓰는 양사.
- **小心**   (動) xiǎoxīn 조심하다, 주의하다
- **将**   (介) jiāng …를, …을
  ☞ '把'처럼 목적어를 동사 앞에 전치 시킬 때 쓴다.

그는 술을 한 입에 마시고 말했다. "나는 관우(關羽)라 하고 하동(河東)에 살고 있습니다." 유비는 이상해서 물었다. "어떻게 하동에서 이곳까지 오게 되었습니까?" 그래서 관우는 그들에게 말했다. "내 고향에는 대부호가 있었는데 돈이 많은 것만 믿고 항상 가난한 마을 사람들을 우롱하였습니다. 어느 날, 그자가 길가에서 고의로 한 노인의 사과 노점상을 발로 차서 뒤집는 것을 보고는 참을 수가 없어서 그에게 노인께 배상하라고 했더니 받아들이기는커녕 나에게 주먹을 휘두르며 때리는 것이었습니다. 속으로 이번 기회에 그를 한번 혼내 주는 것이 좋겠다고 생각했는데 조심하지 못해서 그를 때려 죽였소이다."

张飞这时放下筷子，拍着手大叫："很好！打得好！然后呢？"关羽接着说："我一跑出来就五六年啦！来到这里，听说县城要招幕士兵，正想去试试，就遇到两位啦！"刘备和张飞就约他一块儿干，他也挺高兴。刘备问关羽："你现在住哪儿？"还没等关羽回答，张飞就抢着说："不用担心啦！我家宽敞得很，你们都搬来一起住吧。"正在这时，他忽然想起一件事，对刘备和关羽说：

生词

- 筷子　　（名）kuàizi　젓가락
- 拍手　　pāi shǒu　손뼉 치다
- 从此　　（副）cóngcǐ　이제부터, 그로부터
- 听说　　tīng shuō　듣자니 …이라 한다
- 招幕　　（动）zhāomù　모집하다
- 遇到　　yù dào　만나다, 마주치다
- 一块儿　　（副）yíkuàier　같이, 함께
- 抢　　（动）qiǎng　급히 하다, 서두르다
- 宽敞　　（形）kuānchang　넓은, 널찍한

　　이 때 장비는 젓가락을 내려놓고 손뼉을 치며 크게 말했다. "잘 했소! 아주 잘 때렸소이다! 그리고 그 이후에는요?" 관우는 이어서 말했다. "그길로 뛰쳐나와서 5,6년이 되었습니다. 듣자하니 현성에서 사병을 모집한다고 해서 바로 가 응시하려다 두 분을 만난 것입니다." 유비와 장비는 같이 하기로 그와 약속했다. 그 역시 무척 기뻐했다. 유비가 관우에게 묻기를 "지금은 어디에서 묵고 계십니까?" 관우가 아직 대답하기도 전에 장비가 서둘러서 "걱정하지 마십시오! 우리 집이 매우 널찍하니 당신들 모두 이사와서 같이 삽시다!" 바로 이때에 그는 갑자기 한가지 일을 생각해내고 유비와 관우에게 말했다.

"我有一个好主意。"刘备问：

"有什么好主意呢？""咱们是有缘，才会碰在一块儿，又志趣相投！何不结为兄弟，大家有…有…"张飞搔着头，想不出该怎么说。刘备

笑着告诉他："是'有福同享，有难同当'。"张飞拍了一下脑袋说："对了！就是这句话。"关羽笑嘻嘻地说"太好了！一下子多了两位兄弟。"

生词

- **主意** 　名 zhǔyi 생각, 의견
- **缘** 　名 yuán 인연
- **碰** 　动 pèng 우연히 만나다
- **一块儿** 　名 yíkuàir 동일한 장소, 같은 곳
- **志趣相投** zhì qù xiāng tóu 의기투합하다
- **搔头** sāo tóu 머리를 긁다
- **有福同享** yǒu fú tóng xiǎng 복이 있으면 같이 누리다
- **有难同当** yǒu nán tóng dāng 어려움이 있으면 같이 나누다
- **脑袋** 　名 nǎodai 머리, 뇌
- **嘻嘻** 　象声 xīxī 웃는 소리
- **一下子** yí xiàzi 대번에, 일시에, 한 번에

　　"제게 좋은 생각이 하나 있소이다!" 유비가 물었다. "좋은 생각이라니요?" "우리들은 인연이 있기에 같은 곳에서 우연히 만났고 또한 의기투합하지 않았습니까? 어찌 의형제를 맺지 않을 수가 있겠습니까? 음…, 그러니까 음…" 장비는 머리를 긁적이며 무슨 말을 해야 할지 생각이 나지 않았다. 유비가 웃으면서 그에게 이르길 "'복이 있으면 같이 누리고 어려움이 있으면 같이 나누자'는 말이 아니오!" 장비가 머리를 치면서 말했다. "맞습니다! 바로 이 말입니다." 관우가 허허 웃으면서 "매우 좋습니다! 한번에 두 명의 형제를 얻었습니다."

张飞这会儿，更是乐呵呵地说：

"我家有个园子，里面种满了桃树。现在呀！树上的花儿正盛开着，非常漂亮！我们就到那儿祭告天地吧！"

说罢，带着刘备和关羽回到家里。

三个人走进桃园里，眼前所看到的，都是红色的桃花。满园桃花，在枝头上绽开着，景色真是美丽及了。刘备和关羽不禁大赞："哇！这个地方太好了！"

 # 生词

- **乐呵呵** 　形　lèhēhē　유쾌한(즐거워하는) 모양
- **桃树** 　名　táoshù　복숭아나무
- **盛开** 　动　shèngkāi　만발하다, 활짝 피다
- **祭告** 　动　jìgào　제사 지내다
- **绽开** 　动　zhànkāi　터지다
- **景色** 　名　jǐngsè　경치
- **不禁** 　bùjīn　금치 못하다, 참지 못하다

장비가 이때 더욱 유쾌하게 말하길 "우리 집에는 정원이 있는데 그 안에는 복숭아나무가 가득 심겨져 있습니다. 지금, 나무에 꽃이 만발해 있어 아름답기 이를 데가 없습니다! 우리들은 그곳에서 천지(天地)께 제사를 지내 올립시다!" 말을 끝내고 유비와 관우를 데리고 집으로 돌아왔다. 세 사람이 복숭아꽃 정원으로 들어가자 눈앞에 보이는 것 모두가 붉은 복숭아꽃이었다. 정원에 가득한 복숭아꽃은 가지 끝에서 꼬리울이 되어 있었고 그 경치가 정말로 아름다웠다. 유비와 관우는 극찬해 마지않고 "이 이곳은 너무나 좋소이다!"

张飞忙着准备祭品。然后三个人，就在美丽的桃花园中焚香祭拜天地。他们在口中念着：刘备，关羽，张飞三个人，今天在桃园结为兄弟，不求同年同月同日生，但愿同年同月同日死。以后相亲相爱，同心为国家出力，为百姓办好事。张飞说："我年纪最小，是老么。"关羽说："我比你大，是老二，那么刘备就是咱们的大哥啦!"祭拜完毕，三个人的手紧紧地握在一起。从今以后，三兄弟要同生共死，杀贼去了。

生词

- **祭品**　　　　(名) jìpǐn 제물
- **焚香**　　　　fén xiāng 향을 피우다
- **祭拜**　　　　(动) jìbài 제사를 지내다
- **相亲相爱**　xiāng qīn xiāng ài 서로 친하고 서로 사랑하다
- **同心协力**　tóng xīn xié lì 마음을 합쳐 협력하다, 일치 단결하다
- **幺**　　　　　(形) yāo 막내의
- **完毕**　　　　(动) wánbì 끝나다, 끝내다
- **紧紧**　　　　(副) jǐnjǐn 바짝, 단단히
- **从今**　　　　(副) cóngjīn 이제부터, 지금부터
- **同生共死**　tóng shēng gòng sǐ 공생 공사하다

　　　장비는 바삐 제물을 준비하였다. 후에 세 사람은 바로 아름다운 복숭아 화원에서 향을 피우고 천지에 제사를 지냈다. 그들은 입으로 낭독했다. "유비, 관우, 장비 세 사람은 오늘 도원(桃園)에서 형제를 맺고 같은 해, 같은 달, 같은 날 태어나지는 않았지만 같은 해, 같은 달, 같은 날에 죽기를 원합니다. 이후에 서로 친하고 서로 아끼며 한마음으로 나라를 위해 힘쓰고 백성을 위해 좋은 일을 하겠습니다." 장비가 말하길 "제가 나이가 제일 어리니 막내입니다." 관우는 "내가 너보다 많으니 둘째가 되고 그럼 유비 형님이 바로 우리의 큰 형님이십니다." 제사가 끝나고 세 사람은 함께 손을 굳게 잡았다. 이후로 삼형제는 공생공사(共生共死)하며 적을 물리치기로 했다.

他们先在花园里举行宴会，邀请乡中士绅参加。然后，召集有武艺的人，为国除害。乡人们热烈响应，不久，就有五百多人报名参加哩。其中一个富有的商人说："我愿捐一笔钱来打造兵器。""啊"大家听了，高兴地大声欢呼，拍手。每个人都凭自己的专长，选择武器。刘备用的是"双股剑"。

生词

- **宴会**　名　yànhuì　연회
- **邀请**　名,動　yāoqǐng　초청(하다)
- **士绅**　名　shìshēn　(옛날, 지방의) 유력 인사, 세도가
  ☞ 일반적으로 지주나 퇴직관리를 가리킴.
- **召集**　動　zhàojí　소집하다
- **热烈**　形　rèliè　열렬한
- **响应**　名,動　xiǎngyìng　호응(하다)
- **报名**　bào míng　신청하다, 지원하다
- **捐钱**　juān qián　돈을 기부하다
- **笔**　量　bǐ　금액이나 금전과 관계 있는 데에 쓰는 단위
- **打造**　動　dǎzào　만들다, 제조하다
- **凭**　動　píng　…에 근거하다, …에 따르다
- **专长**　名　zhuāncháng　특기
- **选择**　動　xuǎnzé　선택하다, 고르다

그들은 먼저 화원에서 잔치를 열고 향신들을 초청한 후에 무예가 있는 사람들을 소집하여 나라를 위해 해로운 자들을 제거하자고 했다. 마을사람들은 열렬히 호응하였고 오래지않아 오백명이 넘는 사람들이 지원했다. 그 중 한 부유한 상인은 "내가 한 몫의 돈을 기부하여 병기를 만들고 싶습니다." "우와!" 모두들 듣고 기뻐하면서 크게 환호하고 박수를 쳤다. 각각의 사람들은 모두 자기의 특기에 따라 무기를 골랐다. 유비가 사용한 것은 '쌍고검'이었다.

张飞说："使用长矛是我的看家本领。"于是，选了一枝特大号的矛，号称"丈八点钢矛"。关羽打造了一把"青龙偃月刀"。这把刀，平常人两只手都抱不动它呢！关羽却用一只手，就轻轻提了起来。兵器都准备好了，三兄弟就率领着义兵，去见幽州县的县令。县令高兴极啦！向百姓们说："有了这支生力军，我们一定会打胜仗的。"几天后，守城兵来报告："贼兵在城下挑战啦！"于是，县令派刘备兄弟出城迎战！

生词

- **看家**   *名,形* kānjiā 십팔번(의), 장기(의)
- **本领**   *名* běnlǐng 재능, 수완, 기량
- **大号**   *名* dàháo 큰 사이즈(치수)
- **提**   *动* tí 손에 들다
- **率领**   *动* shuàilǐng 거느리다, 이끌다
- **县令**   *名* xiànlìng 현령, 현(縣)의 장관
- **生力军**   *名* shēnglìjūn 신예부대
- **胜仗**   *名* shèngzhàng 승전
- **守**   *动* shǒu 지키다
- **挑战**   tiǎo zhàn (적, 기록 등에) 도전하다
- **迎战**   *动* yíngzhàn 영전하다, 맞아 나가 싸우다

장비는 "긴 창을 사용하는 건 내 장기다."라고 하면서 특대형의 창을 골라서 '장팔점강모'라 불렀다. 관우는 한 자루의 '청룡언월도'를 만들었다. 이 칼은 보통사람은 두 손으로도 들 수 없으나 관우는 오히려 한 손으로 가볍게 들어 올렸다. 병기가 모두 준비되자 삼형제는 의병을 거느리고 유주현 (幽州縣)의 현령(縣令)에게 갔다. 현령은 매우 기뻐하며 백성들에게 말했다. "여기 새로운 군대가 있으니 우리는 반드시 승전할 것이로다." 며칠 후, 성을 지키는 병사가 와서 고했다. "적병이 성 아래에서 싸우려 하고 있습니다." 그래서 현령은 유비 형제를 보내어 적을 맞아 나가서 싸우게 했다.

三人骑在马上，领着士兵来到大兴山下，正和贼兵相遇。关羽和张飞分别站在大哥的两旁，保护着他。刘备大声地责备贼兵："你们这些反贼，还不快快向我们投降？"一个贼兵的副将冲上来，耀武扬威说："谁敢出来和我大战三百回合呀？"张飞挺出点钢矛，说："看我的！"才见他一出手，长矛已刺入了那副将的心窝里。

生词

- **责备** 　　　　形　zébèi 책하다, 꾸짖다
- **投降** 　　　　动　tóuxiáng 투항하다
- **冲** 　　　　动　chōng 돌진하다
- **耀武扬威** 　yào wǔ yáng wēi 무용을 빛내고 위세를 떨치다, 총칼을 휘두르며 위세를 부리다
- **回合** 　　　　名　huíhé (경기, 전쟁, 담판 등) 횟수
- **挺** 　　　　形　tǐng 곧은, 꼿꼿한
- **出手** 　　　　名　chūshǒu 어떤 일을 처음 시작할 때에 표현되는 재주, 솜씨
- **刺** 　　　　动　cì 찌르다
- **心窝** 　　　　名　xīnwō 심장이 있는 부분, 명치

　　세 사람은 말 위에 타고 병사를 통솔하여 대흥산(大興山)아래에서 바로 적병과 만났다. 관우와 장비는 각각 큰형의 양옆에 서서 그를 보위했다. 유비가 큰소리로 적군을 꾸짖으며 "너희 이 반역자들아! 어서 빨리 우리에게 투항하지 못하겠느냐?" 적병 중 한 부장수가 돌진해 올라오면서 칼을 휘두르고 위세를 부리며 말했다. "누가 감히 나와서 나와 삼백 번째 대전을 치르겠느냐?" 장비는 '점강모'를 곧게 내밀며 "나를 봐라!" 그와 마주쳐 한 번의 솜씨에 긴 창은 이미 그 부장수의 심장을 찌르고 들어갔다.

贼兵主将大吃一惊，喊着："看我的厉害！"手上舞着大刀，砍向张飞。关羽怕张飞有失，赶快挥舞青龙偃月刀，奔出阵来。关公来势凶猛，贼将大惊，还来不及招架，却被关羽斩为两段。"哇！快逃呀！"贼兵见两个将领在转眼间被砍，吓得魂儿都没了，哪里还敢再战，纷纷逃走了。

 **生 词**

- **大吃一惊**　dà chī yì jīng　크게 놀라다
- **厉害**　　名　lìhai　본때
- **舞**　　　动　wǔ　휘두르다
- **砍**　　　动　kǎn　찍다, 베다
- **有失**　　动　yǒushī　잃다
- **奔**　　　动　bēn　내달리다
- **来势**　　名　láishì　기세
- **凶猛**　　形　xiōngměng　흉맹한, 사나운
- **来不及**　lái bu jí　미치지 못하다, 손 쓸 틈이 없다
- **招架**　　动　zhāojià　저항하다, 막아내다
- **转眼**　　zhuǎn yǎn　눈을 돌리다(눈 깜짝할 사이, 순식간에)
- **魂儿**　　名　húnr　혼, 넋, 정신
- **哪里**　　代　nǎli　어찌 …하겠는가
  - ☞ 반어문에 쓰여 부정적 의미를 표시한다.

적병의 주장수(主將)가 크게 놀라며 소리쳤다. "내가 본때를 보여 주마!" 손으로 큰칼을 휘두르면서 장비를 향해 찌르려 했다. 관우는 장비를 잃을까 두려워 재빨리 '청룡언월도'를 휘두르며 내달려 진(陣)을 나왔다. 관공이 기세 사납게 다가오자 적장은 크게 놀라 막아낼 틈도 없이 오히려 관우에게 두동강이로 베어 졌다. "야! 빨리 도망가자!" 적병은 두 장수가 눈 깜짝할 사이에 베어지는 것을 보고 놀라서 정신이 없었고 감히 다시 싸우지 못하고 잇달아 도망갔다.

第一次出战，就打了胜仗，大家十分高兴。幽州城虽然打了胜仗，邻近的青州城，却被贼兵打得落花流水，只得到幽州城讨救兵。刘备三兄弟，自告奋勇，带着士兵，赶往支援。三兄弟分三路夹攻，打得贼兵抱头鼠窜！终于收回了青州城。各地的贼兵，一一地被消灭了。皇帝龙心大悦，刘备就当了县令，掌管全县的军事。

生词

- **落花流水**   luò huā liú shuǐ   ① 늦은 봄의 경치 ② 참패하다, 산산이 부서지다

- **只得**   (副) zhǐděi   부득이, 할 수 없이

- **讨**   (動) tǎo   요청하다, 요구하다

- **救兵**   (名) jiùbīng   원군, 원병

- **自告奋勇**   zì gào fèn yǒng   자진해서 나서다, 자발적으로 나서다

- **支援**   (名,動) zhīyuán   지원(하다)

- **夹攻**   (名,動) jiāgōng   협공(하다)

- **抱头鼠窜**   bào tóu shǔ cuàn   매우 낭패하여 급히 도망치다

- **收回**   shōu huí   회수하다, 되찾다

- **一一**   yīyī   하나 하나, 차례대로

- **龙心**   (名) lóngxīn   천자의 마음

- **悦**   (形) yuè   즐거운, 기쁜

- **掌管**   (動) zhǎngguǎn   관리하다, 맡아보다

첫 번째 출전에서 승리를 거두자 모두 매우 기뻐했다. 유주성(幽州城) 은 비록 승리했지만 부근의 청주성(青州城)은 적병에게 참패를 당해 유주성 으로 원군을 요청할 수밖에 없었다. 유비 삼형제는 자진해서 병사를 이끌고 서둘러 지원하러 갔다. 삼형제는 세 길로 나누어 협공하였고 적병은 크게 패하여 급히 도망갔다. 마침내 청주성(青州城)을 되찾았고 각지의 적병들도 하나하나 소멸되었다. 황제는 매우 기뻐하였고 유비는 현령이 되어 전체 현 (縣)의 군사를 담당하게 되었다.

刘备只封了一个小小的县令职位。关羽和张飞，很为大哥抱不平。刘备安慰着两个弟弟，说："别再计较了，准备上任去吧！"刘备上任以后，将县政治理得很好，百姓们都很佩服。不久，有位督邮到县内考察政绩。刘备听说以后，急忙出城迎接，并恭恭敬敬地行了礼。督邮一副骄傲的模样，对刘备理也不理，神气十足。关羽和张飞看到督邮如此无礼，十分生气。

生词

- 封　　　（動）fēng　봉하다, 직위를 내리다
- 抱不平　bào bùpíng　불만(불평)을 품다, 분개하다
- 计较　　（動）jìjiào　따지다, 염두에 두다, 문제삼다
- 上任　　shàng rèn　부임하다, 취임하다
- 佩服　　（動）pèifú　탄복하다, 감탄하다
- 督邮　　（專名）Dū Yóu　督郵 ☞ 人名
- 考察　　（動）kǎochá　시찰하다, 고찰하다
- 政绩　　（名）zhèngjī　관리의 재직기간 중 공적
- 骄傲　　（名,形）jiāo'ào　거만(한), 교만(한)
- 理　　　（動）lǐ　거들떠보다, 상대하다
- 神气十足　shén qì shí zú　대단히 우쭐하다
- 如此　　rúcǐ　이와 같다, 이러하다
- 无礼　　（形）wúlǐ　무례한

　　유비가 다만 사소한 현령(縣令)의 직위에 봉해지자 관우와 장비는 매우 분개했다. 유비는 두 동생을 위로하며 말했다. "다시 거론하지 말고 가서 취임할 준비나 하세!" 유비가 부임한 이후 현(縣)을 매우 잘 다스려 백성들은 모두 매우 탄복했다. 머지 않아 독유(督郵)라는 사람이 현내(縣內)에 공적을 시찰하러 왔다. 유비는 그 얘기를 듣고 서둘러 성밖으로 나가 아주 공손히 인사하며 영접했으나 독유는 거만한 모양으로 유비에 대해 거들떠 보지 않고 대단히 우쭐해 하자 관우와 장비는 독유의 이와 같은 무례함을 보고 대단히 화가 났다.

这督邮是个贪官污吏，只因刘备不肯送红包，就借故刁难，并设计陷害刘备。

"好大胆！你不送红包，我就想办法整整你。"可恶的督邮在想坏主意了。督邮把一个小官员找去，对他说："我要你出面控告刘备，否则，就将你关起来！"这个小官吏，不肯做出这种违背良心的事。小官吏终于被关了起来。刘备亲自到馆舍去过几次，请求把小官使放回来，但是都不能进去。

 # 生词

- **贪官污吏**   tān guān wū lì   탐관오리
- **因**   连 yīn … 때문에, …으로 인하여
- **红包**   名 hóngbāo 뇌물
- **借故**   jiè gù 핑계를 대다, 구실을 대다
- **刁难**   动 diāonán 일부러 곤란하게 하다, 괴롭히다
- **并**   连 그리고, 또 ☞ 동일 목적어를 가지는 2개의 동사, 또는 동사가 중심이 되는 구문의 연결에 쓰임.
- **陷害**   动 xiànhài 모함하다
- **整**   动 zhěng 혼내다, 괴롭히다
- **可恶**   形 kěwù 얄미운, 밉살스러운
- **出面**   chū miàn 친히 나가서 사무를 처리하다
- **控告**   名,动 kònggào 고발(하다), 고소(하다)
- **否则**   连 fǒuzé 만약 그렇지 않으면
- **关**   动 guān 가두다, 감금하다
- **做出**   动 zuòchū 해내다, …을 하다

　　이 독유(督郵)라는 자는 탐관오리로서 오직 유비가 뇌물을 보내려 하지 않는다는 이유로 구실을 대고 일부러 유비를 곤란케 하고 모함할 계획을 세웠다. "좋아! 네가 뇌물을 보내지 않으니 내가 너를 혼내줄 방법을 생각해야겠다." 밉살스러운 독유는 나쁜 생각을 하고 있었다. 독유는 낮은 관원 한 명을 불러와 그에게 말했다. "네가 친히 나서서 유비를 고발해야겠다. 그렇지 않으면 너를 감금하겠다!" 이 낮은 관리는 이런 양심에 위배되는 일을 하지 않으려 하였고 결국 그 관리는 감금되었다. 유비는 친히 여러 차례 관사를 찾아가 그 관리의 석방을 빌고자 했으나 들어가보지도 못했다.

张飞本来就对督邮那种傲慢，蛮横的态度感到十分不满。现在，知道督邮借故拘禁善良官员的事，更是火冒三丈。他自己喝了几杯闷酒，到处去寻找督邮。督邮的运气也真不好，竟让凶神恶煞般的张

飞找到了。张飞就像老鹰捉小鸡一
样，把督邮抓到县衙的门前。张飞指
着督邮大骂："坏东西，今天我要打
死你！"说着，劈里啪啦，七八个巴掌
打过去。然后将督邮绑在树上，用一
根皮鞭，狠狠往他身上猛抽。

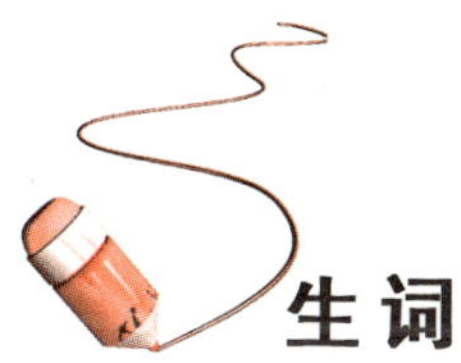

生词

- 傲慢　　　形　àomàn　오만한
- 蛮横　　　形　mánhèng　무지막지한, 거친
- 拘禁　　　名,動　jūjìn　구금(하다)
- 火冒　　　huǒmào　화가 나다, 성내다
- 凶神恶煞　xiōng shén è shà　흉악한 놈
- 鹰　　　　名　yīng　매
- 捉　　　　動　zhuō　잡다, 쥐다

- 抓 　　動 zhuā 붙잡다, 붙들다
- 劈里啪啦 　象聲 pīlipālā 탁탁, 탕탕, 착착, 짝짝 ☞ 연속되는 소리
- 巴掌 　　名 bāzhang 뺨치기
- 绑 　　動 bǎng 묶다, 감다
- 皮鞭 　　名 píbiān 채찍
- 狠 　　形 hěn 모진, 잔인한, 매서운
- 抽 　　動 chōu 채찍 따위로 치다, 때리다

　　　장비는 본래 독유의 그런 거만하고 무지막지한 태도에 대해 매우 불만스러웠다. 지금 독유가 선량한 관원을 구실을 대 구금한 사실을 알고 더욱 화가 치밀었다. 그래서 그는 혼자 홧김에 술 몇 잔을 마시고 곳곳으로 독유를 찾아다녔다. 독유는 운이 정말 나빴다. 결국 흉악한 장비에게 발각되었으니 말이다. 장비는 마치 매가 병아리를 잡은 것처럼 독유를 현아(縣衙) 문 앞까지 붙잡고 갔다. 장비가 독유를 가리키며 크게 꾸짖었다. "나쁜 녀석, 오늘 내가 너를 쳐 죽일테다!" 그러더니 착착착, 일고 여덟 대의 뺨을 때렸다. 후에 곧 독유를 나무에 묶어놓고 채찍으로 매섭게 그의 몸을 향해 내리 쳤다.

这时督邮被打得皮开肉绽，全身都流着血。围观的人，都大叫痛快。这时，刘备和关羽也来了。督邮低声哀求着："饶了我吧！"刘备怕闹出人命来，就叫张飞释放了他。当督邮从树上被解下来的时候，已是奄奄一息了。关羽对朝廷很感失望，他说："咱们立了功劳，还得受这种侮辱。我看咱们另做打算吧！"于是，刘备交回官印，兄弟三人收拾简单的行李，当天就骑马离开了。

生词

- **皮开肉绽**   pí kāi ròu zhàn   피부가 찢기고 터지다
- **哀求**   動 āiqiú 애원하다, 애걸하다
- **饶**   動 ráo 용서하다, 관용하다
- **释放**   動 shìfàng 석방하다
- **闹**   動 nào (재해, 질병, 전란 따위의 나쁜 일이) 일어나다, 생기다
- **奄奄一息**   yǎn yǎn yì xī 마지막 숨을 모으다, 숨이 간들간들하다
- **侮辱**   名,動 wǔrǔ 모욕(하다)
- **交**   動 jiāo 넘기다, 제출하다
- **官印**   名 guānyìn 관인
- **收拾**   動 shōushi 준비하다, 꾸리다

이때 독유는 맞아서 피부가 찢기고 터져 온몸에 피가 흐르고 있었으나 둘러서 보던 사람들은 모두 통쾌하다고 크게 소리쳤다. 그때에 유비와 관우가 서둘러 왔다. 독유가 낮은 목소리로 애원했다. "나를 용서해 주시오!" 유비는 숨이 끊어질까 두려워 장비로 하여금 그를 풀어주게 했다. 독유가 나무에서 풀려 내려 왔을 때는 이미 숨이 간들간들하였다. 관우는 조정에 대하여 매우 실망하며 말했다. "우리들이 공을 세웠음에도 여전히 이러한 모욕을 받아야 하다니 저는 우리가 계획을 달리해야한다고 봅니다!" 이리하여 유비는 관인을 돌려주었고 형제 세 사람은 간단한 짐을 꾸려 그날로 말을 타고 떠났다.

삼고초려

三兄弟不再做官了，但仍四处寻找报效国家的机会。有一天，他们听到一件不敢相信的消息：皇帝被杀了。皇帝被杀，各州郡更是陷入混乱

状态，较有势力的地方领袖，都在扩张地盘，希望能够在扰攘不安的局

面中，保全自己的利益。刘备三人带着少数的兵马，东飘西泊，像无根浮萍一样。一次偶然的机会，他们救了一个在作战中受伤的人，他是徐州的刺史陶谦。陶谦非常感激他们，他对刘备说：“你真有才能，我的年纪也大啦！徐州这个地方，我交给你好了！”

生词

- 但　　　　　連　dàn　그러나, 그렇지만
- 四处　　　　名　sìchù　사방, 도처
- 陷入　　　　動　xiànrù　(불리한 상황에) 빠지다
- 扩张　　　　動　kuòzhāng　(세력이나 야심을) 넓히다, 확장하다
- 地盘　　　　名　dìpán　지반, 세력 범위, 근거지
- 能够　　　　能動　nénggòu　…할 수 있다
- 扰攘　　　　動　rǎorǎng　소란스럽게 하다, 소동을 일으키다
- 东飘西泊　　dōng piāo xī bó　동서로 떠돌아다니다
- 浮萍　　　　名　fúpíng　부평초
- 偶然　　　　副　ǒurán　우연히, 뜻밖에
- 陶谦　　　　專名　Táo Qiān　陶謙 ☞ 人名
- 交　　　　　動　jiāo　맡기다

　　삼형제는 다시는 벼슬을 하지 않았으나 여전히 사방에서 나라에 충성할 기회를 찾았다. 어느 날 그들은 한가지 믿을 수 없는 소식을 들었다. 황제가 살해되었다는 것이었다. 황제가 피살된 이후, 각 주(州)는 더욱 혼란 상태에 빠졌고 비교적 세력이 있는 지방의 영수들 모두 세력범위를 넓히고 있었으며 소란스럽고 불안한 국면에서도 자기의 이익을 보전할 수 있기를 바랬다. 유비 세 사람은 적은 수의 병마를 이끌고 동서로 떠돌아 다녀 마치 뿌리 없는 부평초 같았다. 한번은 우연한 기회에 전쟁중에 부상을 당한 한 사람을 구해 주었는데 그는 서주(徐州)의 척사인 도겸(陶謙)이었다. 도겸은 그들에게 매우 감사하며 유비에게 말했다. "당신은 정말 능력이 있습니다. 저도 많이 늙었고 해서 서주 이곳을 당신에게 맡기는 것이 좋겠습니다."

刘备听了，慌忙摇手拒绝。他说："这怎么行呢？我只是为了国家才帮助你，可没有其他目的呀！千万别这么说。"陶谦诚恳地说："这是我的心意，请你答应吧！"他怎么说刘备都不肯接受。一位陶谦的部属说："既然刘先生不愿意，等打退了敌人再说吧！"当时，徐州正受到贼兵的围攻，苦战了几天，才打退了敌人。陶谦在衙门的厅堂上举行庆功宴，并宣布让位的事。

生词

- **慌忙**   副   huāngmáng 황망히, 황급하게
- **诚恳**   形   chéngkěn 간절한
- **心意**   名   xīnyì 의사, 의향, 뜻
- **答应**   動   dāying 동의하다, 허락하다
- **部属**   名   bùshǔ 부하
- **既然**   連   jìrán 이미 이렇게 된 바에야, …한 이상
- **打退**   動   dǎtuì 격퇴하다, 물리치다
- **围攻**   名,動   wéigōng 포위 공격(하다)
- **衙门**   名   yámen 아문, 관아
- **厅堂**   名   tīngtáng 대청
- **庆功宴**   名   qìnggōngyàn 경공연, 공로를 치하하는 연회
- **让位**   ràng wèi 지위를 물려주다

유비는 듣고서 황급히 손을 흔들며 거절했다. "이 일을 어떻게 할 수 있습니까? 저는 단지 나라를 위해서 당신을 도운 것이지 다른 뜻은 없습니다! 그런 말씀 마십시오." 도겸은 간절하게 말했다. "이것은 내 뜻입니다. 제발 승낙하여 주십시오!" 그가 어떻게 얘기해도 유비는 받아들이려 하지 않았다. 도겸의 한 부하는 "유선생님이 원하지 않는 이상 적을 물리치고 나서 다시 말씀하십시오!" 당시에 서주는 바로 적군의 포위 공격을 받고 있었고 며칠 고전 끝에 적을 물리쳤다. 도겸은 관아의 대청에서 공로를 축하하는 잔치를 열고 직위를 물려주겠다는 의사를 밝혔다.

刘备连忙摇头，坚持不肯答应。关羽却劝他："既然陶先生这么诚恳，那么答应了吧！"张飞也说："这是人家心甘情愿送上门来的买卖，我们又不是强取豪夺，何必要拒绝呢？"刘备还是不答应。陶谦见他态度坚决，也不再多说。不久，陶谦得了重病。他把刘备找来，跟他说："我的病恐怕救不了啦！你再推辞，以后谁来照顾徐州的百姓呢？"

65

生词

- **连忙**　　　副　liánmáng 급히, 재빨리
- **心甘情愿**　　xīn gān qíng yuàn 기꺼이 원하다
- **强**　　　　　副　qiáng 강제로
- **豪**　　　　　副　háo (부정에 쓰여) 조금도, 전혀
- **夺**　　　　　動　duó 강제로 빼앗다
- **何必**　　　　hébì 구태여 …할 필요가 있는가, …할 필요가 없다
- **坚决**　　　　形　jiānjué 단호한
- **恐怕**　　　　副　kǒngpà 아마 …일 것이다
- **不了**　　　　bùliǎo …할 수 없다 ☞ 동사나 형용사 뒤에 붙어서 동작을 완료·완결시킬 수 없다는 의미를 나타낸다.
- **推辞**　　　　動　tuīcí 거절하다, 사양하다
- **照顾**　　　　動　zhàogu 돌보다, 보살펴 주다

유비는 급히 머리를 흔들며 끝까지 승낙하려 하지 않았다. 관우는 오히려 그에게 권고했다. "도겸 선생이 이렇게 간절히 원하는데 허락하시지요!" 장비도 또한 말했다. "이건 사람들이 기꺼이 원해 올려 보낸 것이지 우리가 전혀 강제로 빼앗은 것이 아니니 구태여 거절해야 할 필요가 있습니까?" 유비는 여전히 승낙하지 않았다. 도겸은 그의 태도가 단호한 것을 보고 더 말하지 않았다. 오래지 않아 도겸은 중병을 얻었다. 그는 유비를 불러서 말했다. "내 병은 아마 완치되지 않을 것 같습니다! 유공(劉公)이 다시 거절하면 이후에 누가 서주의 백성들을 돌봅니까?"

刘备还是在犹豫，他说："您不是有两个儿子吗？应该让他们继承您的职位呀！"陶谦叹了一口气说："唉！两个儿子都是凡人，怎能担当重任？"陶谦紧紧握住刘备的手，虽然已经奄奄一息，仍然期待着刘备答应。陶谦终于去世了。徐州的百姓，都拥到刘备的住所，哭求他继任刺史。刘备非常感动，就噙着眼泪，终于答应了。百姓们高兴得大声欢呼。

生词

- **犹豫** 　　(動) yóuyù 주저하다, 망설이다

- **叹气** 　　tàn qì 탄식하다, 한숨쉬다

  ☞ 叹了一口气 : 한숨을 쉬다

- **凡人** 　　(名) fánrén 평범한 사람, 보통 사람

- **担当** 　　(動) dāndāng 담당하다, 맡다

- **仍然** 　　(副) réngrán 여전히, 아직도

- **期待** 　　(名,動) qīdài 기대(하다)

- **去世** 　　(動) qùshì 세상을 떠나다, 사망하다

- **拥** 　　(動) yōng 밀어닥치다, 한꺼번에 밀려들다

- **噙** 　　(動) qín 머금다

　　유비는 여전히 주저하면서 그에게 말했다. "두 아드님이 계시지 않습니까? 마땅히 그들로 하여금 자리를 이어받도록 해야합니다." 도겸은 한숨을 쉬면서 말했다. "아! 두 아들 모두 평범한데 어찌 막중한 임무를 맡을 수 있습니까?" 도겸은 굳게 유비의 손을 잡고 비록 이미 숨이 간들간들하지만 여전히 유비가 승낙해 주기를 기대했다. 도겸은 마침내 세상을 떠났다. 서주의 백성은 모두 유비가 거하는 곳으로 몰려 와서 그가 척사의 자리를 맡아 주기를 울며 애원했다. 유비는 매우 감동을 받아서 눈물을 글썽이며 결국 승낙했다. 백성들은 기뻐서 큰소리로 환호했다.

刘备接掌徐州

以后，有一位贤能的人帮助他处理政务。这人叫徐庶。后来，徐庶为了自己的母亲，被扣押在曹操的军营中，不得不离开刘备。刘备送他到十里亭外，临别的时候，两人抱头痛哭，依依不舍。徐庶眼泪汪汪地说："我以后虽然不能再为你效劳了，不过我要给你介绍一个有才能的人。"刘备叹息着说："世上还有谁比你更有本事呢？"徐庶说："我怎么能和他相比？天下在也没有比他能耐的人啦！"

69

 # 生词

- 掌　　　　動　zhǎng　장악하다, 주관하다
- 贤能　　　形,名　xiánnéng　어질고 재능이 있는 (사람)
- 徐庶　　　專名　Xú Shù　徐庶 ☞ 人名
- 曹操　　　專名　Cáo Cāo　曹操 ☞ 人名
- 扣押　　　動　kòuyā　구금하다, 차압하다
- 不得不　　bùdébù　…하지 않을 수 없다
- 依依不舍　yī yī bù shě　헤어지기 서운해하다
- 汪汪　　　形　wāng wāng　눈에 눈물이 가득히 괸 모양, 눈물이
　　　　　　　그렁그렁한 모양
- 效劳　　　xiào láo　힘을 다하다, 충성을 다하다
- 能耐　　　名　néngnai　기량, 능력, 수완

유비가 서주를 다스리게 된후, 한 어질고 재능 있는 사람이 그가 정무 처리하는 것을 도왔다. 이 사람은 서석이었다. 후에 서석은 자신의 모친을 위해서 조조 군영으로 압송되어 유비 곁을 떠나지 않을 수 없었다. 유비는 그를 보내러 십리정(十里亭) 밖까지 나와 헤어질 때는 두 사람은 머리를 얼싸안고 울며 헤어지기 아쉬워했다. 서석이 눈물을 글썽이며 말했다. "이후에는 내 비록 당신을 위해 다시 충성을 다할 수는 없지만 당신께 재능 있는 사람을 소개해 드리겠습니다." 유비는 한숨을 쉬며 "세상에 누가 당신보다 더 능력이 있습니까?" 서석은 말했다. "제가 어떻게 그와 비교가 되겠습니까? 이 세상에 그보다 더 능력 있는 사람은 없을 겁니다."

刘备半信半疑："哦！这人叫什么名子呢？""他叫诸葛亮，又叫诸葛孔明。"徐庶接着说："你若能得到他，天下就准是您的了！"刘备听了非常高兴，说："既然这样，你能请他来吗？"徐庶说："你必须亲自去请他，才能表示你的诚意啊！他住在隆中，那儿有个卧龙冈，他在那里种田。"徐庶说完和刘备告别，骑上马走了。

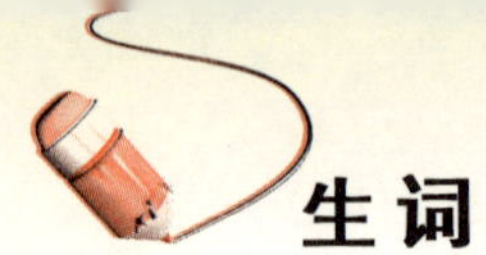

生词

- **诸葛孔明** 　专名 Zhūgě Kǒngmíng 諸葛孔明 ☞ 人名
- **准是** 　副 zhǔn shì 반드시, 틀림없이
- **必须** 　副 bìxū 반드시, 꼭
- **亲自** 　副 qīnzì 친히, 직접
- **诚意** 　名 chéngyì 성의
- **隆中** 　专名 Lóngzhōng 隆中 ☞ 地名
- **卧龙冈** 　专名 Wòlónggāng 臥龍岡 ☞ 地名
- **种田** 　zhòng tián 농사짓다

　　유비는 반신반의하며 "아! 그분의 성함이 무엇입니까?" "그는 제갈량(諸葛亮)이라 하기도 하고 제갈공명(諸葛孔明)이라 부르기도 합니다." 서석은 이어서 말했다. "만약 당신이 그를 얻게 된다면 천하가 반드시 당신 것이 될 것입니다." 유비가 듣고 매우 기뻐하며 "이렇게 된 이상 당신이 그를 오게 하실 수 있습니까?" 서석은 말했다. "반드시 친히 가서 청해야 합니다. 그래야 당신의 성의를 보여줄 수 있습니다! 그는 룡중(隆中)에 와룡강(臥龍岡)이라는 곳에 사는데 거기서 농사를 짓고 있습니다." 서석은 말을 다하고 유비와 작별을 고하고는 말을 타고 갔다.

张飞很不以为然。他说："我不相信这人能有多大才干，哪里还要劳累大哥亲自去请他？"刘备道："徐先生既然这么说，我们怎能怠慢呢？"于是，刘备准备了礼物，带着关羽和张飞，大家各自骑着马走，快到隆中的时候远远看见前面山坡上有几个农夫在耕田。农夫们一边挥着锄头，一边快乐地唱着歌。兄弟三人走了过去。刘备问农夫们："请问孔明先生的家在哪里？"

生词

- **不以为然**   bù yǐ wéi rán   그렇다고는 생각하지 않다
- **才干**   名 cáigàn   재간, 재능
- **劳累**   动 láolèi   피곤해지다, 지치다
- **怠慢**   动 dàimàn   태만히 하다, 소홀히 하다
- **礼物**   名 lǐwù   예물, 선물
- **山坡**   名 shānpō   산비탈
- **农夫**   名 nóngfū   농부
- **耕田**   gēng tián   밭을 갈다
- **挥**   动 huī   흔들다, 휘두르다
- **锄头**   名 chútou   호미
- **快乐**   形 kuàilè   즐거운, 유쾌한

　　장비는 그렇게 생각하지 않았다. "저는 이 사람이 뛰어난 재능이 있을 거라 믿지 않습니다. 어째서 피곤하게 형님이 친히 가서 그를 청하려 하십니까?" 유비가 말했다. "서 선생님이 이렇게 말한 이상 우리가 어찌 소홀히 할 수 있겠느냐?" 이리하여 유비는 예물을 준비하고서 관우와 장비를 데리고 모두 각자 말을 타고 갔다. 막 룽중에 도착하려 할 때 멀리 산비탈 위에 농부들이 밭을 갈고 있는 것이 보였다. 농부들은 호미질을 하면서 즐겁게 노래를 부르고 있었다. 형제 세 사람이 걸어가서는 유비가 농부들에게 묻기를 "공명선생님의 집이 어딘지 아십니까?"

农夫指着前面说：

"前面那座风景很秀丽的小山冈，就是卧龙冈，其中有几间草房，那就是先生住的地方啦！"刘备向农夫道了谢，然后骑上马，继续往前走。

"哇！好清幽的风景啊！"刘备忍不住赞叹着。关羽指着一片青翠的竹林说："大哥！那儿有一座茅屋哩。"

原来，茅屋的四周，被一大片竹林环绕着。他们下了马，慢慢走到茅屋前面。

生词

- **秀丽**　　　形　xiùlì　수려한, 아름다운
- **山冈**　　　名　shāngāng　산등성이, 언덕
- **道谢**　　　dào xiè　감사의 말을 하다, 사의를 표하다
- **继续**　　　名,动　jìxù　계속(하다)
- **清幽**　　　形　qīngyōu　풍경이 수려하고 그윽한
- **赞叹**　　　动　zàntàn　감탄하여 찬양하다, 찬탄하다
- **片**　　　量　piàn　차지한 면적 또는 범위를 세는 단위
- **青翠**　　　形　qīngcuì　새파란, 푸른
- **座**　　　量　zuò　좌, 동, 채 ☞ 산, 건축물 등 크고 든든하거나 고정된 물체를 세는 단위.
- **茅屋**　　　名　máowū　초가집
- **四周**　　　名　sìzhōu　사방, 주위, 둘레
- **环绕**　　　动　huánrào　둘레를 돌다

　　농부가 앞쪽을 가리키면서 말했다. "앞쪽에 보이는 경치가 아름다운 저 작은 언덕이 바로 와룡강입니다. 그 중 초가집이 몇 채 있는데 바로 그곳이 선생이 계신 곳이지요!" 유비는 농부에게 감사의 말을 한 후에 말에 올라타고 계속 앞으로 갔다. "와! 정말 아름다운 풍경이로다!" 유비는 차마 감탄하지 않을 수 없었다. 관우는 일대의 푸른 대나무 숲을 가리키며 말했다. "형님! 저기에 초가집 한 채가 있습니다." 알고 보니 초가집은 사방이 일대의 대나무로 둘러싸여 있었다. 그들은 말에서 내려 천천히 초가집 앞으로 걸어갔다.

刘备亲自上
前去敲门。不大
工夫，"呀"的
一声，柴门打开
了。一个小男孩
探出头来，睁着一双大眼睛，上下打
量着他们，问道："你们是谁？"

"他是刘大将军，是皇上的叔叔，是
徐州的刺史……"张飞说了一大串官
衔。小孩挥着手说："我哪记得这么
多呀！"关羽告诉他："你说刘将军来
拜访就可以啦！"小孩说："先生今天
早上出去了。"刘备失望地问："孔
明先生到什么地方去了？"小男孩说
："不知道！

生词

- 敲　　　　　　動　qiāo　두드리다
- 工夫　　　　　名　gōngfu　시간, 틈, 여가
- 呀　　　　　　象聲　yā　삐걱, 삐거덕　☞ 의성어
- 柴门　　　　　名　cháimén　사립 문
- 探头　　　　　tàn tóu　머리를 내밀다
- 睁　　　　　　動　zhēng　눈을 뜨다
- 打量　　　　　動　dǎliàng　관찰하다, 훑어보다
- 串　　　　　　量　chuàn　(한 줄로 쭉 꿴 듯한) 줄
- 官衔　　　　　名　guānxián　관직명
- 拜访　　　　　動　bàifǎng　방문하다, 찾아 뵙다
- 失望　　　　　動　shīwàng　실망하다

　　유비가 직접 가서 문을 두드렸다. 잠시 후에 "삐거덕"하고 사립문이 열리더니 남자 아이 하나가 머리를 내밀고는 양쪽 눈을 크게 뜨고 위에서부터 아래까지 그들을 살펴보더니 물었다. "당신들은 누구십니까?" "이분은 유장군님이시다, 황제의 숙부이시며, 서주의 척사이시고……" 장비가 관직명을 줄줄 늘어놓자 아이가 손을 흔들며 말했다. "제가 이 많은 것을 어찌 다 기억합니까?" 관우가 "너는 유장군께서 찾아뵈러 오셨다고 전하면 되느니라!" 아이가 "선생님은 오늘 아침에 나가셨습니다." 유비가 실망하며 물었다. "공명선생께서는 어디에 가셨느냐?" 남자 아이는 말했다. "저는 모릅니다."

刘备问：“什么时候回来呢？”

“那可没准儿，也许三、五天，也许十几天。”刘备听了，大失所望。张飞说：“既然不在，过几天再来吧！”刘备不死心，说：“再等一会儿。”关羽劝他：“大哥，我们先回去，再派人来探问，不是更好吗？”刘备想想也有道理，于是对小孩说：“请你告诉孔明先生，说刘备来拜访他。”三人离开茅屋，突然，看见一个人从前面小路走来。那人穿着布袍，一副很悠闲的样子。

生词

- 也许　　　　副　yěxǔ 아마, 어쩌면
- 大失所望　　dà shī suǒ wàng 크게 실망하다
- 死心　　　　sǐ xīn 단념하다, 희망을 버리다
- 派　　　　　動　pài 파견하다, 맡기다
- 探问　　　　動　tànwèn 탐문하다
- 道理　　　　名　dàoli 도리, 일리
- 袍　　　　　名　páo 도포, 중국식의 긴 옷
- 副　　　　　量　fù 얼굴표정을 나타낼 때 쓰인다
- 悠闲　　　　形　yōuxián 유유한

유비는 물었다. "언제 돌아오시느냐?" "그건 정확하지 않습니다. 어쩌면 사흘이나 닷새, 아니면 열흘이상이 걸릴 수도 있습니다." 유비는 듣고 크게 실망했다. 장비는 "계시지 않는 이상 며칠 후에 다시 옵시다." 유비는 단념하지 않고 "잠시만 더 기다리자." 관우가 설득하기를 "형님, 우리가 먼저 돌아간 다음 다시 사람을 보내어 탐문하는 것이 더 좋을 듯합니다." 유비가 생각해도 일리가 있는 것 같아서 아이에게 말했다. "공명선생께 유비가 찾아 뵈러 왔었노라고 전하여라." 세 사람이 초가집을 떠나려는데 갑자기 앞쪽의 좁은 길에서 걸어오는 한 사람이 보였다. 그 사람은 도포를 입고 있었고 매우 유유한 모습이었다.

刘备在猜想：这人大概是孔明了。赶忙上前问："是孔明先生吗？"那人笑了笑说："我不是孔明，是他的朋友。"刘备觉得有点不好意思，但是接着问："你知不知道孔明先生去哪里？"那人却惊异地说："他不在家吗？我正想去找他呢！"原来那人也不知道，刘备只好和他说说再见了。再过几天，刘备派人去打听孔明的消息，知道他已经回家，就急着要去拜访。

生词

- **猜想**　　動　cāixiǎng　추측하다
- **大概**　　副　dàgài　아마도, 대개는
- **不好意思**　bùhǎoyìsi　부끄럽다, 창피스럽다
- **惊异**　　動　jīngyì　놀라며 이상히 여기다
- **只好**　　副　zhǐhǎo　부득이, 할 수 없이
- **打听**　　動　dǎtīng　물어 보다, 알아보다

☞ 상대방의 의견이나 생각을 묻는 것이 아니라 어떠한 사실이나 상황에 대해서 묻는 것이다.

　　　유비는 추측하고 있었다. '이 분이 아마 공명선생님이실거야.' 급히 앞으로 가서 물었다. "공명선생님이십니까?" 그 사람은 웃으면서 말했다. "저는 공명이 아니라 그의 친구입니다." 유비는 조금 부끄러웠지만 이어서 물었다. "공명선생님이 어디 가셨는지 아십니까?" 그 사람은 오히려 놀라면서 "그가 집에 없습니까? 저도 그를 찾아가는 길인데요!" 알고 보니 그 사람도 역시 모르고 있어 유비는 그와 작별을 고할 수밖에 없었다. 며칠이 지나 유비는 사람을 보내 공명의 소식을 알아보았고 그가 이미 집에 돌아왔다는 것을 알고는 서둘러 찾아뵈러 가고자 했다.

张飞很不乐意。他说："孔明不过是个乡村百姓，用不着哥哥亲自去。只要派一个人，把他找来就可以了！"刘备十分生气，他责备张飞说："孔明乃是个贤德的人，怎么能随便去叫！"说完，就气呼呼地独自走了。关羽和张飞不敢多说，依然紧跟在大哥后面。当时，正是寒

冷的冬天，外面刮着北风。走了没多久，开始下大雪。张飞又唠叨着："这么冷，跑那么远的路，去找一个没用的人！"

生词

- 乐意　　（动）lèyì　만족해하다, 좋아하다
- 不过　　búguò　…에 불과하다
- 只要…就…　zhǐyào…jiù…　오직 …라면, …하기만 하면
- 责备　　（动）zébèi　탓하다, 꾸짖다
- 乃是　　（动）nǎishì　즉 …이다, 바로 …이다
- 贤德　　（形）xiándé　어질고 덕이 있는
- 气呼呼　（形）qìhūhū　잔뜩 화가 나서 식식거리는, 노발대발하는
- 独自　　（副）dúzì　혼자서, 홀로
- 依然　　（形）yīrán　의연한, 전과 다름이 없는
- 紧　　　（副）jǐn　바짝, 바로 곁에
- 寒冷　　（形）hánlěng　몹시 추운, 한랭한
- 唠叨　　（动）láodao　되풀이하여 말하다, 잔소리하다

　　장비는 매우 불만스러워하며 말했다. "단지 밭가는 시골 사람에 불과한데 형님이 친히 가실 필요가 있습니까? 사람을 보내어 그를 찾아오게 하면 되지요!" 유비는 매우 화가 나서 장비를 나무라며 "공명선생이야말로 어질고 덕이 있는 분이신데 어찌 함부로 부르러 갈 수 있겠느냐!" 말을 마치고는 화가 나서 홀로 가버렸다. 관우와 장비는 감히 더 말하지 못하고 여전히 큰형의 뒤를 바짝 따르고 있었다. 그때는 바로 몹시 추운 겨울이었고 밖에는 북풍이 불고 있었다. 얼마 가지 않아서는 많은 눈까지 내리기 시작했다. 장비는 또 잔소리를 하며 "날이 이렇게 추운데 쓸모 없는 사람을 찾으러 그렇게 먼길을 가다니!"

刘备告诉

刘备告诉张飞：“冒着风雪去，正是想让孔明知道我是真心真意地请他。你怕冷，就先回去！”张飞是个逞强好胜的人，说他怕冷，他就不服气。他说：“我死都不怕，还怕什么冷？我只是怕哥哥白跑一趟。”大雪不停地下着，三个人一路艰难地走来。到达茅屋前，开门的仍然是那个小孩。刘备问他：“小朋友！先生今天在家吗？”小孩回答他：“在！请进！”刘备大喜过望。

生词

- **冒** 　動 mào 무릅쓰다
- **真心真意** 　zhēn xīn zhēn yì 진심, 성심성의
- **逞强** 　chěng qiáng 잘난 체하다, 지기 싫어하다
- **好胜** 　形 hàoshèng 승벽이 강한, 지려 하지 않는
- **服气** 　動 fúqì 굴복하다, 복종하다
- **白** 　副 bái 헛되이, 쓸데없이
- **趟** 　量 tàng 번, 차례 ☞사람이나 차의 왕래 횟수를 나타냄.
- **一路** 　副 yílù 함께, 모두

  ☞'来·去·走' 따위 동사와 같이 쓰인다.
- **艰难** 　形 jiānnán 곤란한, 어려운
- **到达** 　動 dàodá 도착하다, 도달하다
- **大喜过望** 　dà xǐ guò wàng 기대 이상의 성과로 매우 기뻐하다

　　유비는 장비에게 "눈바람을 무릅쓰고 가는 것이 바로 공명에게 내가 진심으로 그에게 청하는 것임을 알게 하려는 것이다. 추운 것이 두려우면 너는 먼저 돌아가거라!" 장비는 지기 싫어하고 승부욕이 강한 사람이라 추운 것이 두렵지 않다고 하며 불복했다. "죽음도 두렵지 않은 제가 어찌 추위를 두려워할 수 있습니까? 다만 형님이 허탕칠 까봐 걱정입니다." 대설(大雪)이 그치지 않고 내려 세 사람은 모두 힘들게 걸어 왔다. 초가집 앞에 도착했을 때, 문을 여는 사람은 여전히 그 어린아이였다. 유비가 그에게 물었다. "애야! 선생님께서 오늘은 댁에 계시느냐?" 어린아이는 그에게 대답했다. "계십니다! 들어오십시오!" 유비는 뜻밖에 계신다는 말에 매우 기뻤다.

跟着小孩走进屋里，只见一个青年，正在桌旁读书。

刘备走上前去，恭敬地说："久仰先生大名，前几天来拜访，先生不在，今天，总算见到啦！真高兴啊"那少年说："你要见我哥哥吗？"刘备一听，惊讶地问："难道你不是孔明先生？"那少年嘻嘻地笑着说："我是他的弟弟啊。"刘备尴尬地问："那么，孔明先生今天在家没有？"

生词

- 桌　　　名 zhuō　책상, 테이블
- 恭敬　　形 gōngjìng　공손한, 정중한
- 久仰　　jiǔyǎng　존함은 오래 전부터 들었습니다
　　　　☞ 처음 만났을 때의 인사.
- 惊讶　　动 jīngyà　놀라다, 의아해하다
- 难道　　副 nándào　설마 …하겠는가, 그래 …란 말인가
- 尴尬　　形 gāngà　난처한, 어색한

　　어린아이를 따라 집안으로 들어가니 한 소년이 책상 앞에서 책을 읽고 있는 것이 보였다. 유비가 앞으로 걸어가서 공손하게 말했다. "선생님의 높으신 이름은 오래 전부터 들었습니다. 며칠 전에 찾아뵈었을 때는 선생님이 계시지 않으셨는데 오늘은 드디어 뵙게 되었습니다! 정말 기쁩니다." 그 소년은 "제 형님을 만나려 하십니까?" 유비는 듣고 대단히 놀라며 물었다. "그럼 공명선생님이 아니시란 말씀이십니까?" 그 소년은 웃으면서 말했다. "저는 그의 동생입니다." 유비는 난처한 표정을 지으며 물었다. "그러면 공명선생님께서 오늘은 댁에 계시는지요?"

少年说：
"刚才他的朋友，邀他游山玩水去了！"刘备叹了口气："唉！真是不走运啊，两次都没有见到他。"少年安慰他："没关系的，坐一会儿吧！"张飞哪有耐性，催着刘备："风雪那么大，回去吧！"见不到孔明，刘备非常失望，只好留下一封信。然后，向那少年告辞。走到门口，只见小男孩朝着竹篱外猛招手，还大声喊着："老先生！您回来啦！"

生词

- 邀　　　動 yāo　초청하다, 초대하다
- 走运　　zǒu yùn　운이 좋다, 운수가 트이다
- 哪　　　副 nǎ　어찌, 어떻게　☞ 의문·부정·반문할 때 쓰인다.
- 耐性　　名 nàixìng　참을성, 인내성
- 催　　　動 cuī　재촉하다, 다그치다
- 朝着　　介 cháozhe　…로 향하여
- 竹篱　　名 zhúlí　대나무 울타리
- 猛　　　形,副 měng　맹렬한, 갑자기, 급히
- 招手　　zhāo shǒu　손을 흔들다, 손짓을 하다

　　소년이 말하길 "방금 그의 친구가 청해 산과 물로 노닐러 갔습니다!" 유비는 한숨을 쉬면서 "아! 정말 운이 없군. 두 번 모두 그를 만나지 못하는구나." 소년은 위로하며 "괜찮습니다, 잠시 앉으시지요!" 장비가 어찌 참을성이 있겠는가? 유비에게 재촉하여 "눈바람이 저렇듯 심하니 돌아가십시다!" 공명을 만나지 못하자 유비는 대단히 실망하였고 할 수 없이 서신 한 통만을 남긴 후 소년에게 작별을 고했다. 문 앞까지 갔을 때 어린아이가 대나무 울타리 밖을 향해 갑자기 손을 흔들며 큰소리로 부르고 있는 것을 보았다. "선생님! 지금 돌아오세요!"

刘备好奇地朝着竹篱外望去。满天风雪中，有一个人，穿着皮衣，骑着一匹驴子，慢慢走过来。刘备心中一动："莫非他是孔明先生？"刘备赶快走上前去，说："孔明先生，我们特地前来拜望您！"老先生慌忙从驴背上跳下来。那少年在后面大声地说："你又弄错了！他是我哥哥的岳父。"刘备很不好意思，打了一声招呼，便尴尬地走了。

生词

- 满天　　　名　mǎntiān　온 하늘
- 皮衣　　　名　píyī　털가죽 옷
- 一动　　　yídòng　툭하면, 걸핏하면
- 莫非　　　副　mòfēi　혹시 …이 아닐까, 아마 …일 것이다
- 特地　　　副　tèdì　특별히, 일부러
- 前来　　　动　qiánlái　다가오다
- 拜望　　　动　bàiwàng　방문하다
- 弄　　　　动　nòng　하다, 행하다
- 岳父　　　名　yuèfù　장인
- 打招呼　　dǎ zhāohu　(가볍게) 인사하다
- 便　　　　副　biàn　곧, 바로

　　　유비는 호기심에 대나무 울타리를 향해 바라보며 갔다. 온 하늘 가득한 눈바람 속에 한사람이 가죽옷을 입고 당나귀를 탄 채 천천히 걸어왔다. 유비의 마음속에서는 또 "혹시 공명선생님 아니실까?" 유비는 급히 앞으로 걸어가 "공명선생님! 저희들은 일부러 당신을 방문하러 왔습니다." 노인은 황급하게 나귀등에서 뛰어내려왔다. 소년이 뒤에서 큰소리로 "선생님은 또 잘못 아셨습니다. 그분은 제 형님의 장인이십니다." 유비는 매우 부끄러워 가볍게 인사하고는 바로 어색하게 갔다.

冬天过去了，又是百花吐蕊的时节。刘备仍是念念不忘寻访诸葛孔明的事情哩!这天，正是个黄道吉日。刘备郑重其事地准备再往卧龙冈。关羽，张飞却是满脸的不高兴。

关羽说："大哥两次亲自拜访，已经表示尊重他了。孔明一定没有什么学问，否则怎么不和大哥见面。"张飞最不服气，说："他只是个农夫，把他叫来就行了，如果他不来，我就拿条绳子把他绑着来。"

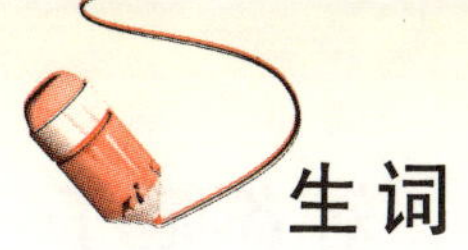

生词

- **百花吐蕊**　bǎi huā tǔ ruǐ　갖가지 꽃이 피어나고 무성해지다
- **念念不忘**　niàn niàn bú wàng　자나깨나 생각하며 잊지 않다
- **寻访**　動 xúnfǎng　심방하다, 방문하다
- **黄道吉日**　名 huángdào jírì　길일
- **郑重**　形 zhèngzhòng　정중한, 신중한
- **表示**　動 biǎoshì　나타내다, 표시하다
- **否则**　連 fǒuzé　만약 그렇지 않다면
- **绳子**　名 shéngzi　밧줄
- **绑**　動 bǎng　묶다, 포박하다

　　겨울이 지나고 또 꽃이 피고 초목이 무성해지는 계절이 되었다. 유비는 여전히 제갈공명을 찾아갔던 일을 자나깨나 생각하며 잊지 않았다. 이 날이 바로 길일(吉日)이었다. 유비는 그 일을 신중하게 준비해서 다시 와룡강으로 향했다. 관우와 장비는 달갑지 않은 얼굴이었다. 관우는 "형님이 두 번이나 친히 찾아갔으니 이미 충분히 그에게 존중을 표시했습니다. 공명이 필히 학식이 없는거예요. 그렇지 않으면 어째서 형님을 만나지 않겠습니까?" 장비도 단연코 불복하면서 "그는 단지 농부에 불과하니 그를 불러 오게 하면 됩니다. 만약 오지 않으면 제가 밧줄로 포박해 오겠습니다."

刘备瞪了
liú bèi dèng le
他们一眼，自
tā men yì yǎn zì
己走了。关羽
jǐ zǒu le guān yǔ
和张飞不敢再
hé zhāng fēi bù gǎn zài
多说，默默地
duō shuō mò mò de
跟在后面。来到茅屋前。小童仆探头
gēn zài hòu mian lái dào máo wū qián xiǎo tóng pú tàn tóu
一看，说："哦!是你们呀!"刘备问：
yí kàn shuō ó shì nǐ men ya liú bèi wèn
"先生在家吗？""在家。可是先生
xiān sheng zài jiā ma zài jiā kě shì xiān sheng
在睡觉呢!"刘备听说孔明在家，非
zài shuì jiào ne liú bèi tīng shuō kǒng míng zài jiā fēi
常兴奋。刘备对关，张二人说：
cháng xīng fèn liú bèi duì guān zhāng èr rén shuō
"你们在门外等我，我单独去见孔明
nǐ men zài mén wài děng wǒ wǒ dān dú qù jiàn kǒng míng
先生。"说完轻轻走屋里进去。刘备
xiān sheng shuō wán qīng qīng zǒu wū li jìn qù liú bèi
看见一个人躺在草堂的一张床上，
kàn jiàn yí gè rén tǎng zài cǎo táng de yì zhāng chuáng shang
睡得正熟。但不敢惊动他，只垂着双
shuì de zhèng shú dàn bù gǎn jīng dòng tā zhǐ chuí zhe shuāng
手，低着头，静静地站在旁边等候。
shǒu dī zhe tóu jìng jìng de zhàn zài páng biān děng hòu

生词

- **瞪眼**   dèng yǎn 눈을 부릅뜨고 노려보다, 부라리다
- **默默**   形 mòmò 묵묵한, 아무 말 없이 잠잠한
- **童仆**   名 tóngpú 어린 종, 심부름꾼 아이
- **兴奋**   动 xīngfèn 흥분하다, 감격하다
- **单独**   副 dāndú 단독으로, 혼자서
- **草堂**   名 cǎotáng 초가집, 초당
- **正熟**   形 zhèngshú 정숙한
- **惊动**   动 jīngdòng 놀라게 하다, 시끄럽게 하다
- **垂手**   动 chuíshǒu 두 손을 드리우다
- **静**   形 jìng 조용한
- **等候**   动 děnghòu 기다리다

유비는 눈을 부릅뜨고 그들을 노려보고는 홀로 갔다. 관우와 장비는 감히 더 말하지 못하고 묵묵히 뒤를 따라갔다. 초가집 앞에 도착했을 때 어린 심부름꾼 아이가 머리를 내밀고 한번 보더니 말했다. "아! 선생님들이시군요!" 유비가 묻기를 "공명선생님은 댁에 계시느냐?" "계십니다. 그러나 아직 주무시고 계시는데요!" 유비는 공명선생이 계시다는 말을 듣고 대단히 감격했다. 유비가 관우와 장비 두 사람에게 "너희들은 밖에서 기다리고 있거라! 내가 혼자 가서 공명선생을 뵐 것이니라!" 말하고는 혼자서 방으로 걸어 들어갔다. 유비는 초당(草堂) 안의 침대에 누워 정숙하게 자고 있는 사람을 보았다. 감히 그를 놀라게 하지 못하고 양손을 공손히 드리우고는 머리를 숙이고 조용히 옆에 서서 기다리고 있었다.

等了半天，孔明仍然没有睡醒。关，张二人在外面等得不耐烦了，心里着急就于是走了进来。刘备仍然低头垂手，站在草堂前面。张飞气得暴跳如雷："这人如此无礼，我放一把火，把房子烧了，看他起不起来！"关羽将激动的张飞猛拖了出去。忽然，孔明翻了个身。

刘备心中大乐，以为他醒了。偏偏

孔明又睡着了，刘备又等了一个来
小时。好不容易孔明伸了个懒腰，终
于醒来了。他揉着惺忪的睡眼，问道
："有人来了吗?"

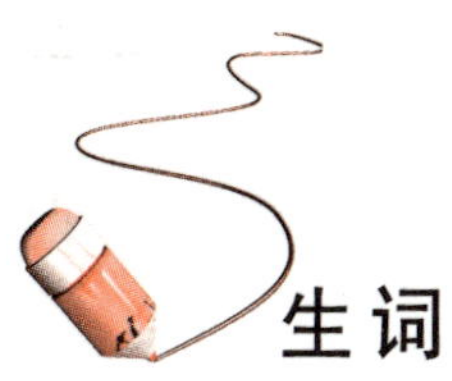

生词

- **半天**　　副 bàntiān 한참동안
- **睡醒**　　动 shuìxǐng 잠에서 깨어나다, 잠이 깨다
- **耐烦**　　nài fán 번거로움을 견디다, 잘 참다
- **暴跳如雷**　bào tiào rú léi 발을 구르며 노발대발하다
- **放火**　　fàng huǒ 불을 놓다, 방화하다
- **烧**　　动 shāo 태우다, 불사르다
- **激动**　　动 jīdòng 흥분하다
- **猛**　　形 měng 맹렬한, 세찬
- **拖**　　动 tuō 끌다, 잡아당기다
- **以为**　　动 yǐwéi 생각하다, 여기다
- **偏偏**　　副 piānpiān 뜻밖에, 공교롭게
- **伸懒腰**　shēn lǎnyāo 기지개를 켜다

- **揉**　　　　　動 róu 비비다, 문지르다
- **惺忪**　　　　形 xīngsōng 잠에서 막 깨어나 거슴츠레한
- **睡眼**　　　　名 shuìyǎn 잠에 취한 눈

　　한참을 기다렸는데도 공명은 여전히 잠에서 깨어나지 않았다. 관우, 장비 두 사람은 문 밖에서 참지 못하고 마음이 조급해져서 들어왔고 유비는 여전히 머리를 숙이고 양손을 드리우고서 초당 앞에 서 있었다. 장비는 화가 나서 노발대발하며 "이런 무례한 사람을 보았나, 내가 불을 질러서 방을 태워버릴 테다. 그래도 일어나지 않나 보자!" 관우는 흥분한 장비를 세차게 끌어 당겨 나갔다. 돌연 공명이 몸을 돌리자 유비는 속으로 크게 기뻐하며 그가 잠에서 깨어나는 거라고 생각했다. 뜻밖에 공명은 또 잠이 들었고 유비는 다시 한 시간 여를 기다렸다. 가까스로 공명이 기지개를 켜더니 마침내 깨어났다. 그는 잠에서 막 깨어나 거슴츠레한 눈을 비비더니 물었다. "거기 누가 오셨느냐?"

小童说：
xiǎo tóng shuō
"刘将军在这
liú jiāng jūn zài zhè
儿等半天了。"
er děng bàn tiān le
孔明忙说："哎
kǒng míng máng shuō　　　āi
呀！怎么不早告
ya　zěn me bù zǎo gào
诉我！我去换件衣服。"孔明站了起
su wǒ　wǒ qù huàn jiàn yī fu　　kǒng míng zhàn le qǐ
来，直往屋后走去。过了一会儿，孔
lái　zhí wǎng wū hòu zǒu qù　guò le yí huì er　kǒng
明穿得整整齐齐的出来了。孔明说：
míng chuān de zhěng zheng jì jì de chū lái le　kǒng míng shuō
"我只是个乡下人，让您空跑了两
wǒ zhǐ shì ge xiāng xià rén　ràng nín kōng pǎo le liǎng
趟，真是不敢当呀！"刘备说："只要
tàng　zhēn shì bù gǎn dāng ya　liú bèi shuō　zhǐ yào
先生肯答应帮助我扫荡妖魔，拯救
xiān sheng kěn dā ying bāng zhù wǒ sǎo dàng yāo mó　zhěng jiù
万民，多跑两趟路又算什么呢？"孔
wàn mín　duō pǎo liǎng tàng lù yòu suàn shén me ne　kǒng
明笑着说："我学识浅薄，怕是帮不
míng xiào zhe shuō　wǒ xué shí qiǎn bó　pà shì bāng bu
了您什么忙？"
liǎo nín shén me máng

生词

- **哎呀** 〔嘆〕 āiya 야, 아이쿠 ☞ 놀라움을 나타내는 감탄사.

- **换** 〔動〕 huàn 갈다, 바꾸다

- **整整齐齐** zhěng zhěng qí qí 가지런한 모양, 질서정연한 모양

- **空跑** 〔動〕 kōngpǎo 헛걸음하다

- **敢当** 〔動〕 gǎndāng 감당하다

- **扫荡** 〔動〕 sǎodàng 소탕하다

- **妖魔** 〔名〕 yāomó 요마, 가지각색의 사악한 세력

- **算** 〔動〕 suàn 비중을 두다, 중요시하다

- **浅薄** 〔形〕 qiǎnbó (지식이나 경험이) 부족한, 빈약한

심부름꾼 아이가 말하길 "유장군님은 여기서 벌써 오랫동안 기다리셨습니다." 공명이 바삐 "아니, 어찌 일찍 고하지 않았느냐! 가서 옷 좀 갈아입어야겠다." 공명은 일어나서 곧장 뒤채로 걸어갔다. 잠시 후에, 공명은 옷을 깨끗이 입고 나왔다. 오랫동안 기다린 후에야 비로소 공명이 웃으며 걸어나오는 것을 보았다. 공명이 말하길 "단지 농사나 짓는 제가 유장군님을 두 차례나 헛걸음하게 하였사오니 정말로 감당치 못하겠습니다!" 유비는 "선생님께서 제가 적들을 소탕하여 만민을 구하는 것을 도와주신다고 허락하여 주시기만 한다면 두 차례 더 걸음 한들 무엇이 중요하겠습니까?" 공명이 웃으며 "저처럼 배움이 부족한 사람이 장군께 무슨 도움이 되겠습니까?

又说：

“在这儿耕田读书，快乐得很，对其他的事，我实在没有兴趣。”刘备听了这话，十分着急，几乎就要掉下眼泪来哩。刘备说：“现在天下大乱，先生如果不肯相助，百姓们就要受苦了！”孔明觉得刘备的态度，确实很诚恳，于是点点头说：“好吧！我答应你。”刘备欣喜若狂，赶快把留在门外的关羽和张飞引来相见。回到徐州后，刘备把孔明当作作老师一样看待，非常尊重他。孔明也尽心尽力地帮助刘备。

生词

- **读书**   dú shū 책을 읽다, 독서하다
- **实在**   副 shízài 확실히, 정말
- **兴趣**   名 xìngqù 흥미, 흥취
- **着急**   動 zháojí 조급해하다, 안타까워하다
- **几乎**   副 jīhū 거의
- **掉**   動 diào 떨어뜨리다
- **如果**   連 rúguǒ 만약 …한다면
- **就要…了**   jiùyào…le 곧 …할 것이다
- **受苦**   shòu kǔ 고통을 받다
- **确实**   副 quèshí 확실히, 정말로
- **欣喜若狂**   xīn xǐ ruò kuáng 기뻐 어쩔 줄 모르다, 기뻐 날뛰다
- **引**   動 yǐn 끌다, 이끌다
- **看待**   動 kàndài 대우하다, 다루다
- **尽心尽力**   jìn xīn jìn lì 몸과 마음을 다하다, 있는 성의를 다하다

또한 말하길 "이곳에서 농사지으며 책을 읽는 것이 아주 즐거우니 다른 일에는 정말로 흥미가 없습니다." 유비는 이 말을 듣고 너무 안타까워서 거의 눈물을 흘릴뻔 했다. 유비가 "현재는 온 세상이 크게 어지러우니 선생님께서 만약 도우려하지 않으시면 백성들은 고통을 받을 것입니다." 공명은 유비의 태도가 정말로 간절함을 느꼈다. 그래서 고개를 끄덕이며 "좋습니다! 제가 청을 받아들이지요!" 유비는 기뻐서 어쩔 줄을 몰랐고 급히 문밖에 있던 관우와 장비를 데리고 와 인사를 드리게 했다. 서주(徐州)로 돌아온 후에 유비는 공명을 자신의 스승으로 삼고 그를 매우 존중했다. 공명도 몸과 마음을 다해서 유비를 도왔다.

초선차전

刘备自从
liú bèi zì cóng
得到孔明的
dé dào kǒng míng de
帮助，势力愈
bāng zhù shì lì yù
来愈强大。渐
lái yù qiáng dà jiàn
渐地，孔明的
jiàn de kǒng míng de
才能传遍了
cái néng chuán biàn le
各地，许多人对他佩服不已。但是，
gè dì xǔ duō rén duì tā pèi fú bù yǐ dàn shì
也有一些人非常嫉妒，总是想尽方
yě yǒu yì xiē rén fēi cháng jí dù zǒng shì xiǎng jìn fāng
法要除掉他。当时，吴国的都督周瑜
fǎ yào chú diào tā dāng shí wú guó de dū du zhōu yú
对孔明很不服气。周瑜是个心胸狭
duì kǒng míng hěn bù fú qì zhōu yú shì ge xīn xiōng xiá
小的人，他曾说："孔明这个人将来
xiǎo de rén tā céng shuō kǒng míng zhè ge rén jiāng lái
一定会成为我东吴的威胁，留他没
yí dìng huì chéng wéi wǒ dōng wú de wēi xié liú tā méi
有好处，不如早把他杀了。"所以，
yǒu hǎo chu bù rú zǎo bǎ tā shā le suǒ yǐ
他处处找机会要杀死孔明。
tā chù chù zhǎo jī hui yào shā sǐ kǒng míng

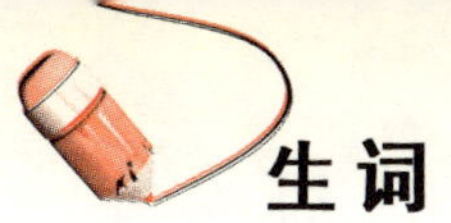

生词

- **自从** 　介 zìcóng ⋯에서, ⋯부터
- **愈⋯愈⋯** 　yù⋯yù⋯ ⋯할수록 더욱 ⋯하다
- **渐渐** 　副 jiànjiàn 점점, 점차
- **传遍** 　动 chuánbiàn 두루 퍼지다
- **嫉妒** 　动 jídù 질투하다
- **尽** 　动 jìn 다하다
- **除掉** 　chú diào 제거하다, 제외하다
- **都督** 　名 dūdu 도독
- **周瑜** 　专名 Zhōu Yú 周瑜 ☞ 人名
- **不服气** 　bùfúqì 불만이 가라앉지 않다, 지기 싫어하다
- **狭小** 　形 　좁고 작은, 협소한
- **曾** 　副 céng 일찍이, 이미
- **不如** 　bùrú ⋯만 못하다, ⋯하는 편이 낫다
- **处处** 　副 chùchù 도처에, 각 방면에

　　유비가 공명의 도움을 얻으면서부터 세력이 갈수록 더욱 강해졌다. 점차 공명의 재능은 곳곳에 두루 퍼졌고 많은 사람들은 그에 대해 탄복해 마지않았다. 그러나 또한 그를 매우 시기하는 사람들도 있어 항상 그를 없앨 온갖 방법을 다 생각해 내었다. 그 당시 오(吳)나라의 도독이었던 주유(周瑜)는 공명에 대해 매우 불만스러웠다. 주유는 도량이 좁은 사람이라 일찌기 말했었다. "공명 이 자는 장래에 분명히 우리 동오(東吳)에 위협이 될 것입니다. 그를 남겨두면 좋을 것이 없소이다. 서둘러 없애느니만 못합니다." 그래서 그는 도처에서 공명을 없앨 기회를 찾았다.

终于，周瑜等到机会了。当时，吴国正和刘备联手作战，合力攻打曹操。周瑜派人将孔明找来，共同商量作战计策。孔明来了，周瑜假装客气地请他坐下喝茶。

孔明轻轻地摇着手中的羽毛扇，悠闲地喝着茶。一副神闲气定的样子。周瑜故意问孔明："过几天就要和曹操打仗了，你认为用什么兵器比较好呢？"孔明不假思索地回答："水上作战，当然以弓箭最好。"

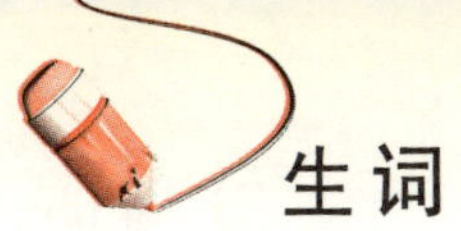

生词

- **联手**　lián shǒu　손을 잡다, 연합하다
- **作战**　zuò zhàn　싸우다, 작전하다
- **商量**　(動) shāngliang　상의하다, 의논하다
- **假装**　(動) jiǎzhuāng　가장하다, …체하다
- **客气**　(形) kèqi　예의가 바른, 친절한
- **羽毛扇**　(名) yǔmáoshàn　깃털로 만든 부채
- **神闲气定**　shén xián qì dìng　표정과 기색이 한가하고 안정되다
- **认为**　(動) rènwéi　여기다, 생각하다
- **比较**　(副) bǐjiào　비교적
- **不假思索**　bù jiǎ sīsuǒ　생각을 하지 않고, 즉석에서
- **弓箭**　(名) gōngjiàn　화살

마침내 주유는 기회를 잡았다. 당시 오(吳)나라는 유비와 연합작전을 세우고 힘을 합하여 조조와 싸울 준비를 했다. 주유는 사람을 보내어 공명을 찾아오게 한 후 함께 작전대책을 상의하고자 했다. 공명이 오자 주유는 예의를 갖춘 척하면서 그에게 앉아 차를 마시도록 권했다. 공명은 손에 든 부채를 가볍게 흔들면서 유유히 차를 마셨는데 그 기색이 한가하고 안정된 모습이었다. 주유는 고의적으로 공명에게 물었다. "며칠 후면 곧 조조 군대와 싸울 것입니다. 그런데 공께선 어떤 병기를 쓰는 것이 비교적 좋다고 생각하십니까?" 공명은 즉석에서 답했다. "물 위에서의 전투에는 당연히 활을 쓰는 것이 제일 좋습니다."

周瑜听了，哈哈笑着说："太好了！你说的正合我意。"接着，却露出一副忧愁的神情说："但是我们正缺少弓箭。怎么办呢？"周瑜低着头，在孔明面前走来走去。突然，拍着手说："对啦！现在就赶工制造。"然后，对孔明说："这件事就请你负责吧！"孔明不加推辞，竟满口答应了。周瑜接着说："给你十天的时间，请你负责制造十万枝箭吧。"

生词

- 合　　　　　動 hé 맞다, 부합되다
- 忧愁　　　形 yōuchóu 우울한, 걱정스러운
- 神情　　　名 shénqíng 표정, 안색
- 缺少　　　動 quēshǎo 모자라다
- 制造　　　動 zhìzào 제조하다, 만들다
- 负责　　　fù zé 책임이 있다, 책임을 지다
- 推辞　　　動 tuīcí 거절하다, 사양하다
- 满口答应　　mǎn kǒu dā ying 쾌히 승낙하다
- 枝　　　　量 zhī 자루, 대

주유가 듣고 하하하고 웃으면서 "그거 좋은 생각입니다. 공의 말이 제 뜻에 꼭 맞습니다!" 이어서 오히려 걱정스러운 표정을 지으며 "하지만 우리 군영에는 화살이 부족하니 어찌하면 좋습니까?" 주유는 머리를 숙이고 공명의 앞을 왔다갔다하더니 갑자기 손뼉을 치면서 말했다. "그래, 지금 서둘러 만들어야겠습니다." 그러더니 공명에게 "이 일은 공께서 책임을 져 주십시오!" 공명은 사양하지 않고 쾌히 승낙했다. 주유가 이어서 "공에게 열흘의 시간을 줄 터이니 책임지고 십만 개의 화살을 만들어 주십시오!"

孔明微微一笑，说："曹兵很快就攻来了，如果等上十天，恐怕晚了吧。"周瑜露出怀疑的神色说："那么，你几天能造完？"

孔明回答："只用三天。"周瑜瞪大了眼睛，惊讶地说："三天？不是开玩笑吧？"孔明一本正经说道："怎么能开玩笑，如果三天后不能交箭，就任凭你处置吧！"周瑜一听，心中暗暗高兴地想着说："好小子！你竟敢发此狂言。哼！三天以后，就是你的死期啦！"

生词

- 微微 　　副　wēiwēi　살짝, 조금
- 怀疑 　　动　huáiyí　회의하다, 의심하다
- 开玩笑 　　kāi wánxiào　농담을 하다, 웃기다
- 一本正经 　　yì běn zhèng jīng　태도가 성실하다, 진지하다, 정색하다
- 交 　　动　jiāo　건네다, 내다, 제출하다
- 任凭 　　动　rénpíng　마음대로 하게 하다
- 处置 　　动　chǔzhì　처분하다, 처벌하다
- 暗暗 　　副　ànàn　암암리에, 남몰래, 은근히
- 发言 　　fā yán　발언하다
- 狂言 　　名　kuángyán　터무니없는 말
- 哼 　　象声　heng　코로 비웃는 소리
- 死期 　　名　sǐqī　죽는 시기, 죽을 때

　　공명이 슬며시 웃으며 "조조의 군대가 곧 공격해 올 터인데 만약 열흘이나 기다리다 늦을까 두렵습니다." 주유가 의심스러운 표정으로 "그러면 며칠이면 완성되겠습니까?" 공명이 대답하길 "단지 사흘이면 됩니다." 주유는 눈을 크게 뜨고 놀라며 "사흘이라니요? 농담하시는 것 아닙니까?" 공명은 정색을 하고서 "어찌 농담을 할 수 있겠습니까? 만일 사흘 후에 활을 갖다 드리지 못한다면 마음대로 처분하여 주십시오!" 주유는 듣고 마음속으로 남몰래 기뻐하며 말했다. "어리석은 놈! 네가 감히 이같이 터무니없는 발언을 하였겠다. 흥! 사흘 후면 바로 네가 죽는 날이로다!"

周瑜还假
zhōu yú hái jiǎ

惺惺地请孔明吃饭，喝酒。孔明告辞的时候，胸有成竹地告诉周瑜："明天就开始做，到第三天，都督派人到江边搬箭吧！"说完，慢慢地踱了出去。周瑜却望着他的背影在冷笑。周瑜有一个好朋友，名叫鲁肃。他站在旁边看得莫名其妙，就问周瑜："孔明有那么大本事吗？"周瑜嘿嘿笑着说："他呀！是自己找死哩！"接着告诉鲁肃："你现在去探听一下，看他怎样造箭。"

生词

- **假惺惺** 　形　jiǎxīngxing 　진심인 체하는 모양, 위선적인
- **搬** 　動　bān 　운반하다, 옮기다
- **踱** 　動　duó 　거닐다, 천천히 걷다
- **背影** 　名　bèiyǐng 　뒷모습
- **冷笑** 　名動　lěngxiào 　냉소(하다), 조소(하다)
- **鲁肃** 　專名　Lǔ Sù 　鲁肅 ☞ 人名
- **莫名其妙** 　mò míng qí miào 　아무도 그 오묘함을 설명할 수 없다, 영문을 모르다
- **嘿嘿** 　象聲　hēihēi 　웃는 소리
- **探听** 　動　tàntīng 　알아보다, 탐문하다

　　주유는 위선적으로 공명에게 음식과 술을 권했다. 공명은 자리를 뜨면서 속으로 뭔가 생각이 있는 듯 주유에게 말했다. "내일부터 일을 시작할 것이니 사흘째 되는 날에 도독께서는 사람을 강가로 보내어 활을 옮겨가십시오!" 말을 마치고는 천천히 걸어 나갔다. 주유는 그의 뒷모습을 바라보며 냉소하고 있었다. 주유에게 노숙(魯肅)이라는 친구가 있었다. 노숙은 영문도 모르고 옆에 서서 보다가 주유에게 [illegible] 완이 있습니까?" 주유가 웃으면서 "그 자가? 죽기를 [illegible] 것 [illegible] 서 말하길 "그대는 지금 가서 그가 어떻게 화살을 만드는지 한번 알아보시오!"

鲁肃来找
孔明去了。
孔明早就猜出鲁肃的来意了。

于是，故做紧张地说："这下可好，三天之内制造十万枝箭，哪能造出来？鲁肃啊！救救我吧！"鲁肃说："是你自己找的麻烦，我哪有办法救你呀！"孔明说："除了你，没有人救得了我了。"鲁肃一听，心就软了，说："我要怎样救你呢？"孔明说："请你借给我二十只船，再扎一些稻草人插满船上，这些准备好了，就行啦！"

生词

- 猜出　　　動 cāichū　알아내다, 알아맞히다
- 来意　　　名 láiyì　온 뜻, 온 이유
- 故　　　　副 gù　고의로, 일부러
- 可好　　　副 kěhǎo　때 마침, 마침 그 때
- 除了…　　連 chúle…　…을 제외하고
- …得了　　…deliǎo　…할 수 있다 ☞ 가능을 나타낸다.
- 软　　　　形 ruǎn　마음이 여린
- 一…就…　yì…jiù…　…하자 곧, …하자마자
- 扎　　　　動 zā　묶다, 매다
- 稻草　　　名 dàocǎo　볏짚
- 插　　　　動 chā　끼우다, 꽂다

노숙이 공명을 찾아 갔을 때 공명은 벌써 노숙이 온 뜻을 알고 있었다. 그래서 일부러 긴장한 척하면서 "때 마침 오셨군요. 사흘에 어찌 십만 개의 화살을 만들어 낼 수 있겠습니까? 노공! 저를 도와주십시오!" 노숙이 "스스로 자초한 일입니다. 제가 어찌 당신을 도울 방법이 있겠습니까?" 공명은 "당신을 제외하고는 저를 도와줄 수 있는 사람이 없습니다." 노숙은 듣자 곧 마음이 여려져서 "제가 어떻게 도우면 되겠습니까?" 공명이 말하길 "제게 스무척의 배를 빌려 주십시오. 그리고 볏짚으로 여러 개의 사람모양을 매어서 그것들을 배 위에 가득 꽂아 주십시오. 이것만 준비되면 됩니다!"

鲁肃疑或地问："你到底在耍什么把戏呀？"孔明神秘兮兮地说："本人自有妙计，到第三天，一定有十万枝箭就是啦！"

"哦！对了！"孔明突然紧张地说："只是你不要告诉周瑜。他要是知道了，我就造不出来了！"鲁肃实在搞不清他葫芦里卖的是什么药。不过，还是答应了他，也没有去向周瑜通风报信。鲁肃很快的把孔明需要的船，稻草人准备妥当。其他的事就看孔明的了。

生词

- 疑或　　　　*形*　yíhuò　의심스러운
- 耍把戏　　　shuǎ bǎxì　수단을 부리다
- 神秘　　　　*名,形*　shénmì　신비(스러운)
- 妙计　　　　*名*　miàojì　묘계, 묘책
- 要是…就　　yàoshi…jiù　만일 …이라면
- 搞不清　　　gǎobùqīng　알 수 없다, 이해할 수 없다
- 葫芦　　　　*名*　húlu　조롱박, 알 수 없는 꿍꿍이
- 通风报信　　tōng fēng bào xìn　상대측에 기밀을 누설하다, 몰래 소식을 알려주다
- 妥当　　　　*形*　tuǒdang　적당한, 알맞은, 타당한
- 看　　　　　*動*　kàn　…라고 보다, …라고 여기다

　　노숙은 의심쩍어 물었다. "공께선 도대체 무슨 속셈을 부리고 계십니까?" 공명이 신비스럽게 "본인에게 묘책이 있사오니 사흘째 되는 날, 반드시 십만 개의 화살이 생길 것입니다." "아, 그렇지!" 공명은 갑자기 긴장하며 "단지 이번 일은 주유에게 고하지 않으셔야 합니다. 그가 알게되면 저는 만들어 낼 수 없습니다." 노숙은 참으로 그에게 무슨 꿍꿍이가 있는지 알 수 없었다. 그러나 여전히 그의 청을 들어주기로 하고 또한 주유에게도 말하지 않았다. 노숙은 빨리 공명이 요구한 배와 볏짚으로 된 사람을 알맞게 준비했고 그 밖의 일은 공명의 소관이라 생각했다.

可是，第一天过去了，却不见孔明有任何行动。第二天，鲁肃忍不住了，就去找孔明。想不到，孔明正舒舒服服在睡大觉哩。鲁肃用力把他摇醒。孔明却笑嘻嘻地说："别紧张！时候还没到哩！"第三天半夜里，孔明突然把鲁肃请到船上。鲁肃睡眼惺忪，来到船上，只见孔明一个人悠闲地在喝着酒。"你怎么三更半夜请我来喝酒呢？"鲁肃揉着惺忪的睡眼问孔明。

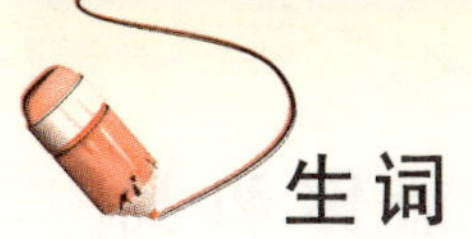

生词

- **任何** (代) rènhé 어떠한
- **…不住** …buzhù (…)을 하지 못하다 ☞ 동사 뒤에 붙어서 동작이 불안정하고 불확실함을 나타낸다.
- **想不到** xiǎng bu dào 미처 생각하지 못하다, 의외이다
- **睡大觉** shuì dàjiào 푹 자다
- **用力** yòng lì 힘을 내다, 힘을 들이다
- **摇** (动) yáo 흔들다
- **醒** (动) xǐng 깨다, 깨우다
- **半夜** (名) bànyè 한밤중
- **突然** (形) tūrán 갑작스럽다, 의외이다
- **三更半夜** sān gēng bàn yè 한밤중, 심야

　　그러나 첫째 날이 다 지나가도록 공명은 어떠한 행동도 보이지 않았다. 둘째날, 노숙은 참지 못하고 공명을 찾으러 갔다. 생각지도 못하게 공명은 바로 편안하게 잠이 푹 들어 있었다. 노숙은 힘껏 그를 흔들어 깨웠다. 공명은 오히려 웃으며 "긴장하지 마십시오! 아직 시간이 되지 않았습니다." 사흘째 되는 날 한밤중에, 공명은 뜻밖에 노숙을 배 위로 불러내었다. 노숙은 졸리는 눈으로 배 위로 와 공명이 혼자서 유유하게 술을 마시고 있는 것을 보았다. "공은 어찌 하여 이 한밤중에 술을 마시러 오라 하십니까?" 노숙은 잠에서 막 깨어 게슴츠레한 눈을 비비면서 공명에게 물었다.

孔明神秘地笑着："请你和我一起去取箭吧。""取箭？三更半夜的，去哪里拿箭？"鲁肃莫名其秒地问。孔明告诉他："你不用问了，一会儿就知道啦！"然后，命令士兵把二十只船，开往江中。这天夜里，大地笼罩着一层浓雾。江上更是白雾茫茫，灰蒙蒙的，什么都看不见。孔明叫士兵把船沿着江岸排成一列。亲自指挥这二十只船，慢慢地前进。

生词

- 待　　　　動　dāi　머물다
- 笼罩　　　動　lǒngzhào　뒤덮다, 자욱하다
- 浓　　　　形　nóng　진한, 짙은
- 雾　　　　名　wù　안개
- 白雾茫茫　bái wù máng máng　망망한, 자욱한
- 灰蒙蒙　　形　huīméngméng　어슴푸레한, 희뿌연
- 沿着　　　yánzhe　…을 따라서(끼고)
- 江岸　　　名　jiāng'àn　강기슭, 강 변
- 排　　　　動　pái　차례로 놓다, 배열하다
- 列　　　　名　liè　줄, 열
- 指挥　　　名,動　zhǐhuī　지휘(하다)

　　공명은 신비스럽게 웃으며 "저와 함께 화살을 가지러 가셔야지요!" "화살을 가지러요? 이 한밤중에 화살을 가지러 어디로 간단 말입니까?" 노숙은 영문을 몰라 잠시 후에 물었다. 공명이 그에게 말했다. "묻지 마십시오! 잠시 후에 알게됩니다." 그러한 후에 병사들에게 명령하여 스무 척의 배를 강 가운데로 가게 했다. 그날 밤, 대지는 한 층을 이루는 짙은 안개로 뒤덮여 있었고 강 위에는 더욱 희뿌연 안개가 자욱하여 어떤 것도 보이지 않았다. 공명은 병사들로 하여금 배를 강기슭을 따라 한 줄을 이루게 하고 직접 이 스무 척의 배를 지휘하여 천천히 전진케 했다.

大约四更天的时候，船已经靠近了曹操的水寨了。孔明下令停船。接着，叫船头朝西，船尾朝东有叫船上士兵使劲击鼓呐喊。鲁肃听到呐喊声，吓了一跳，紧张地说："这样大声叫喊，如果惊动曹操的军队，就糟了！"孔明哈哈大笑，说道："就是要让曹操的军队听到呀！我还嫌喊得太小声呢！"

生词

- **大约** 副 dàyuē 대략, 대강
- **靠近** 动 kàojìn 가까이 다가가다, 접근하다
- **水寨** 名 shuǐzhài 수군(水軍)의 근거지
- **下令** xià lìng 명령을 내리다
- **使劲** shǐ jìn 힘을쓰다
- **击鼓** jī gǔ 북을 치다
- **呐喊** 动 nàhǎn 외치다, 함성을 지르다
- **叫喊** 动 jiàohǎn 소리치다, 고함치다
- **惊动** 动 jīngdòng 놀라게 하다, 떠들썩하게 하다
- **糟** 动 zāo 일을 그르치다, 잘못되다, 야단나다
- **嫌** 动 xián 싫어하다, 불만스럽게 생각하다

　　대략 사경(四更)쯤 되었을 때 배는 이미 조조의 수군에 접근해 있었다. 공명은 배를 멈추도록 명령을 내렸다. 이어서 배머리를 서쪽으로 배 뒤쪽을 동쪽으로 향하게 하고 배 위의 병사들에게 힘껏 북을 치고 소리치게 했다. 노숙은 함성소리를 듣고는 깜짝 놀라서 긴장하며 말했다. "이렇게 큰 소리로 고함쳐 만약 조조 군대를 놀라게 하면 큰일 납니다!" 공명이 하하하고 크게 웃으며 말하길 "바로 조조군이 들으라고 하는 것입니다. 저는 아직도 함성 소리가 너무 작아서 불만스럽습니다."

这时，在曹操的兵营里，每个士兵都睡得正香甜哩。忽然，鼓声大作，喊声不绝。"糟啦！敌人来啦！"士兵们紧张地从床上跳起来，顾不得衣服没穿好，慌忙冲出营寨。曹操镇定地说："大雾弥漫，对方一定有埋伏，大家别轻举妄动。"有

一个将领建议：“现在江面上雾气腾
腾，伸手不见五指，最好是发箭压制
敌人！”曹操点头同意。

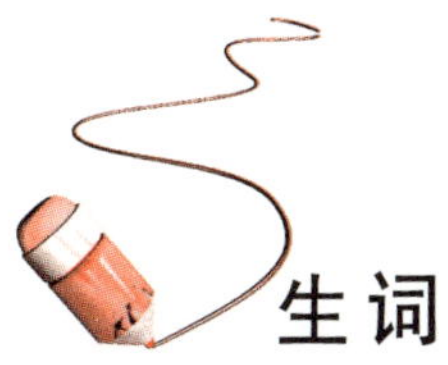
生词

- 香甜　　　　形　xiāngtián 단잠에 빠진, 잠이 달콤한
- 大作　　　　动　dàzuò 크게 하다, 크게 일어나다
- 绝　　　　　动　jué 끊다, 단절하다
- 顾　　　　　动　gù 돌보다, 고려하다
- 冲　　　　　动　chōng 돌진하다, 돌파하다
- 营寨　　　　名　yíngzhài 군영, 병영
- 镇定　　　　形　zhèndìng 침착한
- 弥漫　　　　动　mímàn 자욱하다
- 埋伏　　　　名,动　máifu 매복(하다)
- 轻举妄动　　qīng jǔ wàng dòng 경거망동하다
- 将领　　　　名　jiànglǐng 고급 장교
- 建议　　　　名,动　jiànyì 건의(하다)
- 雾气　　　　名　wùqì 안개
- 腾腾　　　　形　téngténg 자욱히 피어오른

- **伸手**　　shēn shǒu 손을 뻗다, 손을 내밀다
- **五指**　　名 wǔzhǐ 다섯 손가락
- **发箭**　　fā jiàn 화살을 쏘다
- **压制**　　名,動 yāzhì 압제(하다), 억제(하다)

이 때, 조조 군영에서는 병사들 모두 단잠에 빠져 있었다. 갑자기 북소리가 크게 일어나고 함성소리가 끊이지 않자, "큰일 났다! 적군이 나타났다!" 병사들은 긴박하게 침대에서 뛰어내려와 옷을 잘 입었는지 돌볼 새도 없이 황급히 군영 밖으로 뛰어 나갔다. 조조는 침착하게 말했다. "짙은 안개가 자욱하니 상대는 분명히 매복해 있을 것이다. 모두들 경거망동하지 말아라!" 한 장령이 건의하기를 "현재 강 위에는 안개가 자욱해 손을 내밀어도 다섯 손가락이 보이지 않을 정도입니다. 화살을 쏴서 적을 제압하는 것이 가장 좋습니다!" 조조는 고개를 끄덕이며 동의했다.

于是，火速传令下去，调遣各营寨弓箭手前来助阵。全部弓箭手集合在江边，面向着茫茫大江；箭，都已经搭在弓弦上了，只等待着将领的号令。终于，曹操大喊一声："放箭！"士兵们手上的箭就飞了出去。这时，江上茫茫一

片，只能凭着对方的鼓声和呐喊声来辨别方向，那箭象雨点一样射到了孔明的战船上。

生词

- 火速　　　副　huǒsù　황급히, 화급하게
- 传令　　　chuán lìng　명령을 전달하다
- 调遣　　　動　diàoqiǎn　파견하다, 배정하다
- 弓箭手　　名　gōngjiànshǒu　궁사, 활 잘 쏘는 사람
- 集合　　　名,動　jíhé　집합(하다)
- 面向　　　動　miànxiàng　…의 쪽으로 향하다
- 茫茫大江　máng máng dà jiāng　망망한 큰 강
- 搭　　　　動　dā　걸다
- 弓弦　　　名　gōngxián　활시위
- 等待　　　動　děngdài　기다리다
- 号令　　　名,動　hàolìng　호령(하다)
- 只能　　　zhǐnéng　다만 …할 수 있을 뿐이다
- 凭　　　　動　píng　…에 근거하다, …에 따르다
- 辨别　　　動　biànbié　판별하다, 분별하다
- 射　　　　動　shè　쏘다, 발사하다

　　이리하여 화급히 명령을 전달해 각 군영의 궁사들을 앞으로 배정하여 진영을 보조하게 했다. 궁사들 전부는 강변으로 집합하여 망망한 큰 강을 향해 화살을 이미 활시위에 걸어 놓고 다만 장령의 호령을 기다리고 있었다. 마침내 조조가 크게 소리쳤다. "화살을 쏴라!" 병사들 손에 있던 화살은 바로 날아갔다. 이 때는 강 위의 끝없이 펼쳐진 망망한 안개 속에서 다만 상대의 북소리와 함성소리를 따라 방향을 분별할 수밖에 없고 화살들은 마치 비처럼 공명의 배로 발사되었다.

孔明和鲁肃在船舱内喝着酒。

孔明神色悠闲，而鲁肃却显得十分紧张。船上的士兵都使出浑身的力气，拼命呐喊，并且用力地击着鼓。曹操的军队，听到江上的鼓声和呐喊声，惊天动地，认为来势汹汹，更不停地放箭。不久，每只船上的稻草人上，都插满了箭。士兵们也把声音喊哑了。这时，太阳出来了。雾也慢慢地散开了。

生词

- **船舱** 　名　chuáncāng 선실(船室)
- **而** 　连　ér 그러나, …나, …지만 ☞ 역접을 나타낸다.
- **显得** 　动　xiǎnde …하게 보이다, …인 것처럼 보이다
- **使** 　动　shǐ 쓰다, 사용하다
- **浑身** 　名　húnshēn 온몸, 전신
- **力气** 　名　lìqi 힘
- **拼命** 　pīn mìng 필사적으로 하다, 적극적으로 하다
- **惊天动地** 　jīng tiān dòng dì 하늘을 놀라게 하고 땅을 뒤흔들다, 온 세상을 깜짝 놀라게 하다
- **来势** 　名　láishì 밀려오는 기세, 외부로부터 밀려오는 세력
- **汹汹** 　形　xiōngxiōng 세력이 성한 모양
- **哑** 　动　yǎ 목이 쉬다
- **散开** 　动　sànkāi 흩어지다, 분산하다

　　공명과 노숙은 선실에서 술을 마시고 있었는데 공명은 안색이 유유하나 노숙은 오히려 매우 긴장한 것처럼 보였다. 배 위의 병사들은 온 힘을 내어 필사적으로 함성을 지르고 또한 힘을 들여 북을 치고 있었다. 조조의 군대는 강 위의 북소리와 함성소리가 세상을 떠들썩하게 할 정도로 크자 밀려오는 기세가 세차다고 여겨 더욱 멈추지 않고 화살을 쏘았다. 얼마 지나지 않아 모든 배에 있는 볏짚으로 만든 사람 위에 화살이 가득 꽂혔고 병사들도 소리를 질러 목이 다 쉬었다. 이 때, 해가 뜨고 안개도 서서히 걷혔다.

"哇！天亮啦！"

"收船回营！"孔明一声令下，士兵们马上停止击鼓呐喊。

孔明叫士兵面向江岸，齐声高喊：

"谢谢丞相所送的箭！"然后二十只船迅速开了回来。当时，曹军忽然听不见鼓声，一切都沉寂下来。大家正纳闷着，忽然听到"谢谢丞相所送的箭！"，才明白原来是上了大当。曹操气得在江岸上哇哇大叫。二十只船，在茫茫的大雾中，很快就驶回到大江的南岸。

# 生词

- **天亮**   tiān liàng 동이 트다, 날이 밝다
- **停止**   動 tíngzhǐ 정지하다, 중지하다
- **齐声**   qí shēng 일제히, 이구동성으로 말하다, 함께 소리를 내다 ☞ 대부분 부사적인 용법으로 쓰인다.
- **高喊**   動 gāohǎn 큰 소리로 외치다
- **丞相**   名 chéngxiāng 승상
- **迅速**   形 xùnsù 신속한, 재빠른
- **一切**   名 yíqiè 일체, 모든 것
- **沉寂**   形 chénjì 고요한, 잠잠한
- **纳闷**   nà mèn 답답하다, 갑갑해하다
- **上当**   shàng dàng 꾐에 빠지다, 속임수에 걸리다
- **哇哇**   象聲 wāwā 엉엉 ☞ 크게 우는소리.
- **驶**   動 shǐ 젓다, 운전하다

"아, 날이 밝는 구나!" "배를 거두어 들여라!" 공명의 한마디 명령아래, 병사들은 곧장 북치고 함성 지르는 것을 중지했다. 공명은 병사들로 하여금 강기슭을 향해 일제히 외치게 했다. "승상이 보내준 화살에 감사합니다!" 그러한 후에 스무 척의 배는 신속하게 돌아 왔다. 당시, 조조군은 돌연 북소리가 들리지 않고 일체 잠잠해지자 모두들 어찌된 일인가 답답해하고 있다가 갑자기 "승상이 보내준 화살에 감사합니다"라는 말을 듣고서야 비로소 원래 이 모든 것이 큰 속임수였다는 것을 알았다. 조조는 화가 나 강기슭에서 엉엉하고 울부짖었다. 스무 척의 배는 망망한 안개 속에서 빠르게 강의 남쪽 기슭까지 돌아 왔다.

鲁肃到这时才松了一口气，笑嘻嘻地对孔明说："恭喜恭喜！只花了半夜的工夫就得到十万枝箭。""周瑜都督要造箭，却不给我造箭的工具和材料，我只好向曹操借箭啦。"

原来，孔明早就知道周瑜的用意了。

鲁肃翘起大拇指说："你的计策真高明哩！明天，用这些箭再去打曹操的军队，真是妙极了！"鲁肃对孔明真是佩服得五体投地。

生词

- **松一口气**   sōng yìkǒuqì   긴장 끝에 한숨 돌리다, 한시름 놓다
- **恭喜**   動 gōngxǐ   축하하다
- **花**   動 huā   소비하다, 쓰다
- **工具**   名 gōngjù   공구, 도구
- **材料**   名 cáiliào   재료
- **用意**   名 yòngyì   의도, 용의
- **翘**   動 qiào   한쪽 끝이 위로 들리다, 휘다
- **大拇指**   名 dàmuzhǐ   엄지손가락
- **计策**   名 jìcè   계책, 계략
- **高明**   形 gāomíng   고명한, 뛰어난
- **妙**   形 miào   절묘한, 훌륭한
- **五体投地**   wǔ tǐ tóu dì   ① 오체투지

☞ 불교의 경례하는 법의 하나. 먼저 두 무릎을 땅에 꿇고 두 팔을 땅에 대고 그 다음에 머리를 땅에 닿도록 절을 함.
② 대단히 감복하다

노숙은 이 때서야 비로소 한숨을 돌리고 허허 웃으며 공명에게 말했다. "축하드립니다! 단지 한밤중의 시간만을 들여 십만 개의 화살을 얻었습니다!" "주도독께서 화살을 만들고자 하였으나 제게 활을 만들 공구나 재료를 주시지 않으셨으니 제가 조조에게 화살을 빌릴 수밖에 없었습니다." 원래 공명은 이미 주유의 의도를 알고 있었다. 노숙은 엄지손가락을 치켜들고 말했다. "공의 계책은 참으로 뛰어납니다. 내일 이 화살로 다시 조조군을 칠 것이니 절묘하기 이를 데 없습니다!" 노숙은 공명에 대해 대단히 감복했다.

　　船靠岸了。岸边的士兵，看见稻草人的身上，都插满了箭，心中正不明白。船上的士兵们，就把刚才"江上击鼓，草船借箭"的情形，添油加醋地说了。鲁肃下了船后，就把孔明用计得箭的事说了一遍。

　　周瑜听了，惊讶不已，叹了一口气说："唉！诸葛亮真是神机妙算，比我高明多了！"

生词

- **靠岸**　　　kào àn　배를 물가에 대다, 기슭에 닿다
- **刚才**　　　副 gāngcái　방금, 이제 금방
- **情形**　　　名 qíngxing　일의 상황, 정황
- **添油加醋**　tiān yóu jiā cù　보태어 말하다
- **用计**　　　動 yòngjì　계략을 쓰다
- **遍**　　　　量 biàn　번, 회
- **妙算**　　　名 miàosuàn　묘책, 명안

　　　배가 닿자 강가에 있던 병사들은 볏짚으로 된 사람의 몸에 가득 화살이 꽂혀 있는 것을 보고 마음속으로 이해가 되지 않았다. 배 위에 있던 병사들은 방금 전에 있었던 "강 위에서 북을 치며 초선으로 화살을 빌린 정황"에 대해 말을 보태어 이야기했다. 노숙은 배에서 내린 후, 공명이 계략을 써서 화살을 얻게 된 경위를 말해주었다. 주유는 듣고 놀라워 마지않고 탄식하며 말했다. "아! 제갈량은 정말 훌륭한 묘책이 있군. 나보다 훨씬 뛰어나구나!"

关于「三国演义」

「三国演义」，是中国历史小说中，最为流行的一部书。凡是有中国人居住的地方，不论是穷乡僻壤，不论是海外的华侨社会，都在流传着「三国演义」的故事，都可以找到「三国演义」这部书。

在唐代的末年，有关"三国"的历史，已经变为通俗的故事在民间普遍流传了。到了北宋时候，有一种"说话人"专门用"三国"的历史故事作为说书的题材，叫做"说三分"。到了元朝，在当时演出的杂剧里，就有将近二十种的戏本是专演"三国"故事的。

由此可知，由唐到宋，由宋到元，「三国演义」的故事就广受民间的欢迎。不过，当时"说话人"用来"说三分"的"话本"，文子粗陋不堪；而且故事的内容及其中人物，都尚未“定型”。到了元末明初，有一个叫做罗贯中的人，他才着手把这些“话本”加以改编，而成为现在的「三国演义」。

　　罗贯中，山西太原人，号“湖海散人”，是一个不得志的江湖流浪者，但是在文学上，他却有很大的贡献，因为他是中国第一个用全力来写小说的作家，又是第一个从事通俗文学的作家。

「삼국연의」에 관하여

　「삼국연의」는 중국 역사소설중 가장 유행한 책이다. 무릇 중국인이 거하는 곳은 산간벽지는 물론 해외 화교사회에서도 「삼국연의」에 관한 이야기는 널리 전해져 이 「삼국연의」 책을 찾아 볼 수 있다.

　당대 말에 "삼국"에 관한 역사는 이미 통속적인 이야기로 변해 민간에서 보편적으로 널리 퍼져 있었다. 북송 시대에 이르러 "설화인(說話人)"이 전문적으로 "삼국"의 역사 이야기를 설서의 제재로 썼는데 "설삼분(說三分)"이라 부른다. 원나라 때, 당시 상연한 잡극 중 거의 이십여 종에 가까운 극이 본래 삼국 이야기를 전문으로 연출한 것이다.

　이로써 알 수 있듯이 당(唐)에서 송(宋), 송에서 원(元)까지 「삼국연의」의 이야기는 민간의 환영을 널리 받았다. 그러나, 당시 "설화인"이 사용한 "설삼분"의 "화본(話本)"은 문자가 대단히 조잡하고 게다가 이야기의 내용 및 그 속의 인물이 아직 정형화되지 않았다. 원(元)말 명(明)초에 나관중이라는 사람이 비로소 착수하여 이 화본을 개편하여 오늘날 「삼국연의」가 되었다.

　나관중(羅貫中)은 산서 태원 사람으로 호(號)는 "호해산인(湖海散人)"이다. 뜻을 이루지 못한 강호유랑자이나 문학상 큰 공헌을 하였다. 왜냐하면 그는 중국 제일의 전력을 다해 소설을 쓴 작가이며 또한 제일의 통속문학에 종사한 작가이기 때문이다.

16년간 오직 외국어만 출판합니다

싱싱 중국어 첫걸음

한국인을 위해 만들었다!

- 표준어로 배우는 가장 쉬운 중국어
- 현지에서 느끼는 살아있는 중국어 문장
- 기초를 확실하게 다질 수 있는 구성
- 순간순간에 어울리는 확실한 표현

북경대학교 이승우 지음 / 4×6배판 / 256면

특별부록
- 간체자 쓰기 교본
- 현지인이 녹음한 TAPE 3개

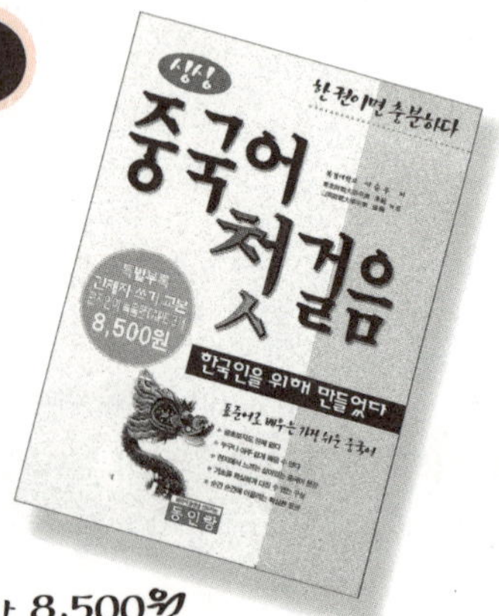

특별가 8,500원

· ·

New 밀레니엄 시리즈

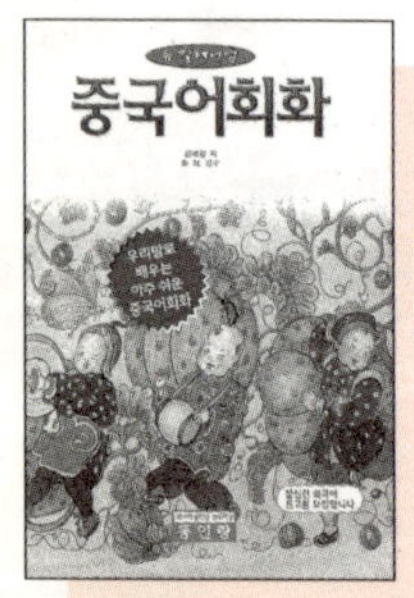

외국어를 새롭게 시작하는 ⓝ세대를 위한 뉴밀레니엄 2000

- 우리말 발음을 표기해서 쉽다.
- 발음부터 기본회화, 간단한 문법, 그리고 문화에 대한 Information까지.
- 실생활에 바로 쓰이는 살아있는 대화문.
- 문장에 꼭 필요한 유용한 단어 수록.

·4×6판 / 224면
·각 권 TAPE 2개 포함 12,000원

중국어

삼국연의 [三国演义]

發行日 / 2000년 1월 15일
編著 / 김혜경
發行人 / 인찬호
컴퓨터編輯 / 송명진
揷畵 / 김성민
發行處 / (주)동인랑

우편번호 130-072
서울시 동대문구 용두 2동 731-1
대표전화 02-929-0700, 상담실 929-0704
팩시밀리 02-929-0709
등록 제 6-0406호

出力 / (주)태웅출력시스템
日本販賣 / 삼중당(東京)
美國販賣 / 샘터문고(LA)

© 2000, Donginrang Co.,Ltd.
ISBN 89-7582-432-2

정가는 표지 뒷면에 있습니다.

인터넷
http://www.donginrang.co.kr
E-mail : donginr@kornet.net

★ 외국어 MP3 서비스 이용방법
국내 4대통신망(천리안, 하이텔, 유니텔, 나우콤)에서 GO EMP3로 이동 후,
해당 파일을 다운로드

▶▶ (주)동인랑에서는 참신한 외국어원고를 모집합니다 · · · · · · · · · ·